Barbara Schott studierte nach einer Ausbildung zur Versicherungskauffrau Volkswirtschaft. Danach arbeitete sie mehrere Jahre als Projektleiterin Marketing am Universitätsseminar der Wirtschaft und als Regionalvertriebsleiterin und Filialdirektorin der Versicherung. Sie ist Professorin für BWL und Marketing an der Fachhochschule Nürnberg. Ihre Ausbildung im Neurolinguistischen Programmieren (NLP) erhielt sie bei Reese, Grinder und Bandler in den USA und erwarb die «Certification in NLP» durch die «Society of Neuro-Linguistic Programming». Sie leitet Seminare und berät im Bereich von Management und Marketing und unterhält ein eigenes ‹NLP-Institut›.

Neben diesem Titel sind von der Autorin im Rowohlt Taschenbuch Verlag erschienen: «Andere Wege wagen» (9605), «Gut drauf sein, wenn's schiefgeht» (9604) und, zusammen mit Klaus Birker, «Freunde finden» (9668), «Prüfungsstreß ade» (9669)

Barbara Schott **Cool
bleiben**

NLP – Das Psycho-Power-Programm

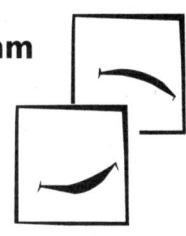

Rowohlt

16.–20. Tausend Januar 1995

Originalausgabe
Veröffentlicht im Rowohlt Taschenbuch Verlag GmbH,
Reinbek bei Hamburg, April 1994
Copyright/Konzeptidee © 1994 by
Rowohlt Taschenbuch Verlag GmbH,
Reinbek bei Hamburg
Grafiken und Illustrationen: Walter Werner
Umschlaggestaltung: Susanne Heeder
Satz: Sabon PostScript Linotype Library, QuarkXPress 3.11
Gesamtherstellung Clausen & Bosse, Leck
Printed in Germany
990-ISBN 3 499 19603 4

Inhalt

So funktioniert das Psycho-Power-Programm

Das Drehbuch ist bekannt: Wir befinden uns in einer ganz alltäglichen Situation mit einem vertrauten Menschen. Eine Kleinigkeit passiert, die uns mißfällt, ärgert oder zornig macht. Oft genügt eine Bagatelle und wir fahren aus der Haut. Was dann folgt, unterliegt kaum noch unserer Kontrolle. Vorwürfe, Gegenangriffe, vielleicht preschen beide vor und werden immer aggressiver, vielleicht zieht sich einer zurück. Und wer sich gut kennt, erkennt sich schnell wieder: stereotype Verhaltensmuster, die die Situation selten wirklich auflösen. Das Ergebnis, bestenfalls Katzenjammer und Bedauern, zeigt, wie hilflos wir oft vor unseren eigenen Stimmungen stehen. Statt sie zu benutzen, um auf Probleme aufmerksam zu werden und sie, wenn es geht, aus der Welt zu schaffen, sind wir es, die sich benutzen lassen, um verfestigte Muster eins ums andere Mal blind zu wiederholen.

Dieses kleine Buch will Ihnen zeigen, wie Sie bei alltäglichen Ärgernissen mit sich selbst und Ihren Stimmungen besser klarkommen können. Wir wissen alle, daß es das beste ist, sich gar nicht erst aufzuregen. Nur leider wissen wir auch, daß das leichter gesagt als getan ist. Cool oder gelassen zu bleiben heißt, den Überblick zu behalten, locker statt aggressiv zu reagieren.

Cool bleiben heißt nicht, kalt und gefühllos zu agieren wie gestylte, teuer gekleidete Figuren aus den Werbespots. Denn das oberflächliche Festhalten an einer netten, glatten Außenfassade, obwohl man innerlich vor Wut kocht, ist häufig die einzige, doch auf die Dauer unerträgliche Methode, die wir zur Streßbewältigung heranziehen.

Sie können sehr gezielt lernen, mit kritischen Alltagssituationen locker umzugehen. Auch Sie können sich die Kunst antrainieren, unfreundliche Kellner mit Charme zu entwaffnen, statt zu meckern und sich nutzlos aufzuregen. Statt im Stau zu hupen und zu drängeln und langsam, aber sicher zu explodieren vor Ungeduld, können Sie lernen, die Zeit zur Entspannung einzusetzen und einfach mal mit dem Staunachbarn zu flirten.

Der Alltag mit all seinen Ärgernissen läßt sich mit guter Stimmung besser meistern. Wenn Sie nun einwenden, daß Sie Ihre Stimmungslage aber nicht beeinflussen können, sollten Sie sich von dieser pessimistischen Haltung verabschieden. Denn genau das Gegenteil gilt: Ihre Stimmung hängt nicht vom Zufall, sondern von Ihnen selbst ab. Sie haben es in der Hand!

Diese Idee ist das Leitprinzip der psychologischen Methode, mit der das Psycho-Power-Programm arbeitet. Sie trägt den schwierigen Namen Neuro-Linguistisches Programmieren (NLP), ist aber mit Hilfe dieses Büchleins ganz einfach anzuwenden. NLP ist bewußt erfolgsorientiert. Es beschäftigt sich mit den Möglichkeiten, innere Denk- und Verhaltensmuster, die uns blockieren, durch besser geeignete zu ersetzen.

NLP wurde in den siebziger Jahren von den Amerikanern Bandler und Grinder entwickelt, weil sie verstehen wollten, wie Menschen in bestimmte Stimmungen geraten und wie diese ihr Verhalten beeinflussen. Vor allem wollten sie herausfinden, wie sich Stimmungen und Verhalten verändern lassen. Deshalb beobachteten sie Menschen, die in ihrer Umgebung immer wieder durch besondere Leistungen auffielen: Verkäufer, Manager und Therapeuten. Die unbewußten Fähigkeiten dieser Erfolgsmenschen wurden von den beiden Therapeuten so genau beschrieben, daß sie in für andere nachvollziehbare Lernschritte umgesetzt werden konnten. Daraus besteht das Programm von NLP, das Sie nun kennenlernen.

Bevor es losgeht mit den praktischen Übungen, wollen wir uns einmal genau ansehen, was eigentlich in uns innerlich vorgeht, wenn wir am liebsten aus der Haut fahren würden und es oft ja auch tun. Dazu nehmen wir die Familie Lehmann als Beispiel, bei der wir jetzt am frühen Morgen Mäuschen spielen:

«Komm sofort heraus! Das ist doch die Höhe! Jeden morgen dasselbe!» Herr Lehmann klopft mit beiden Fäusten an die Badezimmertür und versucht, die Klin-

ke herunterzudrücken. Martina, seine zwölfjährige Tochter, hält sich wieder einmal nicht an den Badezimmerplan. Noch am Sonntag nach dem ausgiebigen Frühstück waren sich alle einig, daß derjenige, der morgens zuerst aus dem Haus muß, als erster ins Bad und nicht länger als 15 Minuten drin bleiben darf. Dann reicht die Zeit für alle. Am Montag klappte alles noch wunderbar, aber am Dienstag ist Martina bereits eine Viertelstunde überfällig. Da platzt Herrn Lehmann der Kragen.

Frau Lehmann, noch im Morgenrock, beobachtet die Szene aus dem Hintergrund, sieht, wie ihr Mann vor dem Badezimmer auf- und abgeht, immer heftiger atmet, sein Gesicht sich rötet. Sie weiß aus vielen gemeinsamen Jahren: Jetzt explodiert er gleich! Um das zu verhindern, steckt sie ihren eigenen Ärger über ihre Tochter weg und redet beschwichtigend auf ihren Mann ein:

«Du schaffst es doch noch. Ich hab dir auch schon dein Brot gerichtet und Kaffee eingegossen. Laß doch das Kind. Du weißt doch, wie sie ist!»

«Wenn du die Kinder nicht immer in Schutz nehmen und ihnen verzeihen würdest, dann würden sie sich auch an unsere Abmachungen halten!»

Im Nu ist der schönste Ehekrach, früh um halb sieben, im Gange. Mund halten, runterschlucken, das war Frau Lehmann von ihrer Mutter mit auf den Weg gegeben worden: Dann verraucht sein Zorn am ehesten und du hast wieder deine Ruhe.

Während Vater Lehmann noch lautstark und immer heftiger versucht, endlich ins Badezimmer zu kommen, schlendert Sohn Daniel pfeifend vorbei: «Ach, wie gewohnt! Na ja, dann werde ich mal zum Kaugummi greifen. Zähneputzen kann ich ja auch heute abend.» Pfeifend geht er in sein Zimmer zurück und legt seine Lieblingsplatte auf. In voller Lautstärke ertönt die Musik. Das ist der Tropfen, der für Herrn Lehmann das Faß zum Überlaufen bringt. «Mach die Musik leiser!» brüllt er.

Wir alle kennen solche Situationen. Sie, liebe Leser, können sich ausmalen, wie es hier weitergeht. Ob es den Eltern Lehmann gelingt, locker und gelassen zur Arbeit zu gehen, ist mehr als fraglich. Warum wirkt diese Szene so vertraut auf die meisten von uns? Weil wir darin die typischen Reaktionen wiedererkennen, die uns bei Ärger und Meinungsverschiedenheiten zur Verfügung stehen:

- Frau Lehmann zieht sich in ihr Schneckenhaus **Flucht** zurück, beschwichtigt, stellt sich selber zurück, möchte die Harmonie wiederherstellen.

- Herr Lehmann geht auf die Barrikaden, will sich **Angriff** durchsetzen und mit Gewalt sein «Recht» behaupten.

- Daniel findet einen Ausweg – Kaugummi und Mu- **Cool bleiben** sik – und eine noch bessere Stimmung.

Wir sprechen von Flucht und Angriff, weil das urtypische Reaktionsmuster sind, die wir Menschen besitzen. Versetzen wir uns etwa hunderttausend Jahre zurück in die Zeit unserer Urahnen: Damals kannte das Gehirn nur ein Ziel, nämlich die Sicherung des nackten Überlebens. Dazu gab es zwei Alternativen: die Flucht oder den Angriff. Es war üblich, sich die Rechte innerhalb einer Sippe mit der Keule zu erstreiten. Entweder schlug man drauf oder man lief davon, wenn es zu gefährlich wurde. Da beide Alternativen, also Flucht oder Angriff, die ganze Kraft des Körpers in Anspruch nahmen, senkte das Gehirn alle anderen Funktionen des Denkens auf ein Minimum, damit es genügend Energiereserven für Flucht oder Angriff auf Abruf bereitstellen konnte. Darin besteht die urtypische Streßreaktion. Wir nennen sie auch den «Neandertal-Effekt».

Unser Gehirn reagiert noch so ähnlich wie vor hunderttausend Jahren. Wenn wir unter negativen Streß geraten, konzentriert sich unsere Gehirnzentrale auf Flucht oder Angriff und schaltet alle anderen Gehirnfunktionen auf Sparflamme. Unser Gehirn verliert in einem solchen Momenten regelrecht das Gleichgewicht, und wir sind nicht mehr ausgeglichen. Daher können wir unter Streß auch keinen klaren Gedanken fassen. Wir reagieren also immer noch mit Flucht oder Angriff, obwohl es nicht zeitgemäß ist, denn, anders als bei unseren Vorfahren, wir befinden uns heute selten in lebensbedrohlichen Situationen.

Fluchtverhalten bewirkt, daß wir uns körperlich unwohl fühlen, denn das Gehirn stellt Energien zur Verfügung, die wir nicht nutzen. Unsere Stimmung sinkt auf den Nullpunkt, denn das Denkhirn ist ausgeschaltet. Wir fühlen uns nichtig und klein, dumpf und einfallslos. Beim Angriffsverhalten sieht es ähnlich aus: Wir reagieren uns ab, indem wir schimpfen, drohen und manchmal auch um uns schlagen. Wir haben das Gefühl, wir müßten kämpfen, uns um jeden Preis behaupten. Es fehlen auch hier kreative Lösungsmöglichkeiten.

Betrachten Sie unter diesen Aspekten noch einmal das Verhalten von Ehepaar Lehmann und vergleichen Sie es mit der Reaktion von Sohn Daniel. Daniel reagiert kreativ, indem er zum Kaugummi greift und Musik auflegt. Sein Denkhirn bleibt eingeschaltet, denn er empfindet weder die Notwendigkeit zur Flucht noch zum Angriff. Für ihn stellt das besetzte Badezimmer keine Bedrohung dar.

Wenn wir keine direkte Bedrohung empfinden, müssen wir weder fliehen noch angreifen. Dann bleibt das Denkhirn aktiv und wir können Energien für kreative Lösungen verwenden. Wir fühlen uns wohl, haben Ideen und kommen in eine bessere Stimmung. Wenn wir also Streß negativ empfinden, reagieren wir mit Flucht oder Angriff. Das macht auf die Dauer unseren Körper und unsere Seele krank. Cool bleiben heißt, Streß positiv erleben und ihn als Herausforderung zu empfinden, neue Lösungen zu entdecken.

In die Luft
gehen oder auf
dem Boden bleiben

 Nun werden Sie denken: Leichter gesagt als getan, wenn ich Streß habe, dann habe ich Streß, da kann ich nicht noch groß überlegen, ob das positiver oder negativer Streß ist. Wenn Sie mit einer solchen Haltung zufrieden wären, dann hätten Sie dieses Buch nicht in die Hand genommen. Und wenn es keine lernbaren Schritte gäbe, in stressigen Situationen cool zu bleiben, dann würde es dieses Buch nicht geben. Nutzen Sie die vielen Möglichkeiten, sich zu entspannen. Entdecken Sie Ihre unbewußten Fähigkeiten, cool zu bleiben, und lernen Sie, Ihre Psycho-Power auf Abruf zu aktivieren.

Überlegen Sie einmal: Fallen Ihnen Situationen ein, in denen Sie unter Streß cool reagiert haben? Welcher Art waren diese Situationen? Und worin bestanden Ihre intelligenten Lösungen?

Daniel Lehmann jedenfalls sieht seine Schwester mit all ihren Kosmetika im Badezimmer verschwinden, erinnert sich, daß ihr ein wichtiger Vortrag in der Schule bevorsteht, und kombiniert: Das Bad ist sicher längere Zeit besetzt. Seine Lösung: Statt kostbare Zeit mit nutzlosem Streit zu vergeuden, legt er seine Lieblingsplatte auf und genießt die Musik. Herr Lehmann dagegen hat eine ganz andere Szene vor Augen: Ihn ärgert, daß seine Tochter bereits seit 15 Minuten überfällig ist. Er sieht sich innerlich einmal mehr in höchster Eile das Frühstück verschlingen und zum Bus hasten. Worin besteht seine Reaktion? Er hämmert immer kräftiger an die Tür, wiederholt immer lauter denselben Satz, vergißt völlig die Gästetoilette und empfindet die Beschwichtigungsversuche seiner Frau als zusätzliche Provokation.

Kennen Sie auch solche Streßsituationen, in denen Sie immer wieder gleich reagieren und naheliegende Lösungen einfach nicht erkennen? Wenn es Ihnen hilft, nehmen Sie Zettel und Bleistift und notieren Sie sich sämtliche positiven und negativen Reaktionen, die Ihnen einfallen. Wählen Sie eine Ihrer typischen Alltagssituationen, in denen Sie Streß erleben. Notieren Sie zunächst alle Sinneseindrücke, die Sie spontan erinnern. Was sehen Sie? Wie verhalten Sie sich? Was tun Sie? Was sagen Sie? Was fühlen Sie in welcher Körperregion? Gibt es einen typischen Satz, der diese Situation zutreffend beschreibt? Häufig wählen wir sinnbildliche Sprüche wie «Das bringt mein Blut in Wallung», «Ich sehe rot», «Ich explodiere».
Erlauben Sie Ihrem Gehirn, darüber nachzudenken, was Sie in derselben Situation sehen, hören, fühlen und tun können, wenn Ihre Einstellung cool ist. Finden Sie auch hier Ihr sinnbildliches «Zauberwort»,

z. B.: «Ich bewahre meine Ruhe» oder «Heute mache ich es mit Gemütlichkeit». Nehmen Sie sich Zeit dabei. Es ist wichtig, daß Sie sich darüber klar werden, was in Ihnen persönlich passiert, wenn Sie gelassen oder im Streß sind.

«Halt, wer wird denn gleich in die Luft gehen, greife lieber…!» Das berühmt gewordene Zigarettenmännchen begleitet wahrscheinlich viele von uns, wenn sie Gefahr laufen, genervt an die Decke zu gehen. Das Männchen greift in so einem Moment zur Zigarette, um sich zu beruhigen. Was bedeutet die Zigarette für das Männchen?

- Aktive Pause
- (ungesundes) Durchatmen
- etwas völlig anders tun als vorher
- Zeit gewinnen zum Nachdenken, Abschalten und Entspannen.

Das Unbewußte sorgt für eine legitimierte Streßpause, wenn auch mit gesundheitsbeeinträchtigenden Nebenwirkungen. Nichtraucher essen in solchen Situationen gern etwas, z. B. Schokolade.
In jedem Fall lenkt unser Unbewußtes unser Verhalten oft auf eine «Ersatzhandlung», um den Streß zu reduzieren mit dem Ziel, Adrenalin abzubauen und dem

Körper in irgendeiner Form eine Pause zu gönnen. Ist die Situation erst einmal unterbrochen, stellt sich hinterher oft ein anderer Umgang ein.

Herr Lehmann ist zu einer solchen Unterbrechung wohl nicht in der Lage, so daß seine Frau ihm vorwirft: «Daß du morgens immer gleich so aufbrausen mußt, macht alles nur noch schlimmer! Kannst du nicht sachlich bleiben und einfach ganz gezielt durchgreifen?»

Herr Lehmann führt eine Rechtfertigung an, die vielen von uns bekannt sein dürfte: «Ich bin wie vor den Kopf geschlagen, mir fällt überhaupt nichts mehr ein, ich habe nur noch eine Stinkwut im Bauch, und dann geht's mit mir durch!» Das wird als Entschuldigung vielfach noch akzeptiert. Wir gehen im Regelfall davon aus, daß wir für Stimmungen nicht verantwortlich sind und sie nicht beeinflussen können. Doch dieser unbewußte Vorgang ist erklärbar – und wir können ihn gezielt steuern.

Das Eisberg-Modell

 Das Eisberg-Modell beschreibt, wie Menschen Informationen aufnehmen und verarbeiten. Dieser Wahrnehmungsprozeß ist wörtlich zu nehmen: Unser bewußtes Erleben nimmt die über die Sinneskanäle hereinströmenden Informationen wahr.

In jedem Augenblick strömt eine ungeheure Vielzahl an unterschiedlichen Informationen aus der Außenwelt und aus unserer Innenwelt auf uns ein. Während Sie jetzt weiterlesen, nehmen Ihre Augen gleichzeitig wahr, wie hell es in Ihrer Umgebung gerade ist. Sie bemerken am Rande Ihres Sichtfeldes noch diverse Gegenstände und hören bestimmte Geräusche, die Sie als störend oder unbedeutend einstufen, fühlen vielleicht Ihre Kleidung als angenehme oder unangenehme Körperbedeckung. Möglicherweise riechen Sie oder schmecken Sie jetzt gerade etwas, was Ihnen vorher nicht so aufgefallen ist. Je nachdem, wie intensiv Sie diesen Zeilen gerade gefolgt sind, haben Sie die angesprochenen Details bewußter wahrgenommen und dabei «vergessen», daß Sie ja «nur» lesen.

Dieses Beispiel veranschaulicht, was wir in jedem Moment neu tun, bewußt oder unbewußt auswählen, was

Das Eisberg-Modell

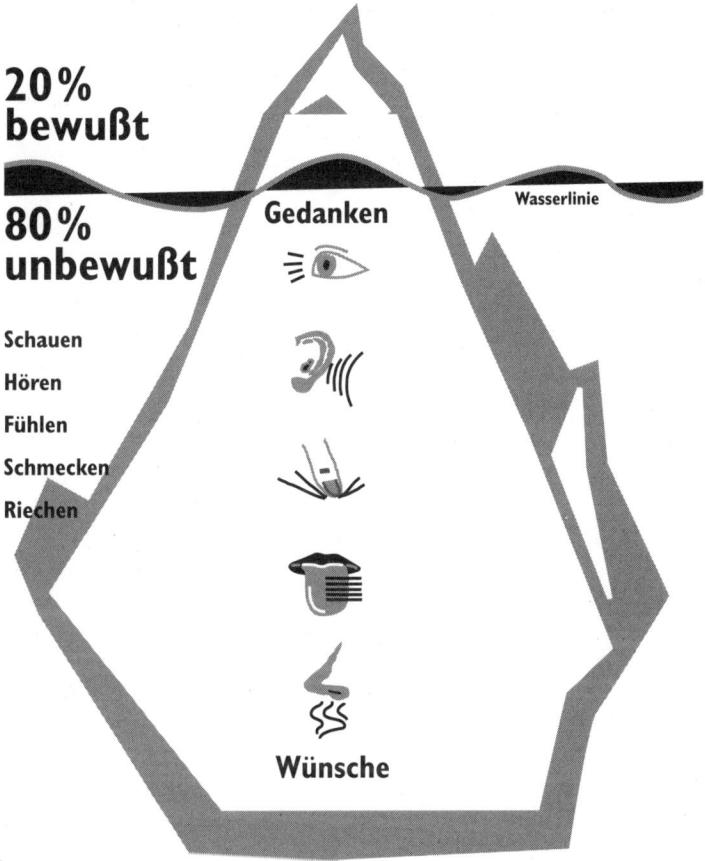

20% bewußt

80% unbewußt

Schauen

Hören

Fühlen

Schmecken

Riechen

Wasserlinie

Gedanken

Wünsche

Innerlich und äußerlich denken wir mit den fünf Sinnen.

wir wahrnehmen. Erkenntnisse aus der Hirnforschung haben gezeigt, daß unser Organismus eine Schwelle für Informationsüberflutung eingebaut hat – wir können in der Regel nur 7 ± 2 Informationseinheiten bewußt aufnehmen und verarbeiten. Sobald unser Gehirn neue, als wichtig bewertete Botschaften in unser Bewußtsein dringen läßt, «vergessen» wir die früher angekommenen Informationen.

Stellen Sie sich vor, das Telefon würde jetzt gleich klingeln und man teilte Ihnen mit, daß Sie eine Million Mark geerbt haben. Würden Sie einfach nur «ja, schön» sagen, sich wieder hinsetzen und weiterlesen...? Ich nehme an, Sie würden über eine ganze Menge Dinge nachdenken, die Ihr unbewußtes Denken und Fühlen Ihnen jetzt als Verhaltensvorschläge sendet. Dies würde ungeheuer schnell vonstatten gehen, Ihr Unbewußtes weiß eine Menge mehr, als Sie bewußt denken – wer hat sich noch nie gefragt, was er wohl mit einer Million Mark tun würde? Diese Antworten erhalten Sie nun, Ihr Unbewußtes schickt sie Ihnen kostenlos und zuverlässig.

Es gibt eine schöne Weisheit aus dem Zen-Buddhismus: Unser Unbewußtes kennt schon alle Antworten, unser Bewußtsein muß nur lernen, die richtigen Fragen zu stellen. Diese Aussage deckt sich mit einer Einsicht der Hirnphysiologie, die davon ausgeht, daß wir nur 20 Prozent unserer Fähigkeiten nutzen. Die restlichen 80 Prozent unseres Unbewußten mit all seinen freiliegenden Kapazitäten stehen zwar zu unserer Verfügung, aber ihre Nutzung geschieht eher zufällig. Zum Beispiel immer dann, wenn wir uns erlauben, zu träumen, Visionen zu haben und diese in die Tat umzusetzen. In diesem Buch geht es darum, diese brachliegenden Kapazitäten nutzen zu lernen und mit Hilfe des Unbewußten Ihre Wünsche in bewußtes Tun zu lenken.

Das heißt, die Spitze des Eisbergs, die aus dem Wasser schaut, sind 20 Prozent Ihres Bewußtseins, die in Einklang zu bringen sind mit den 80 Prozent Ihres Unbewußten, die, bildlich gesprochen, unter der Wasseroberfläche liegen. Sie haben mit den verschiedenen Übungen in diesem Buch die Möglichkeit, das zu tun. Erkennen und nutzen Sie die Botschaften Ihres Unbewußten für ein erfolgreiches, bewußtes Leben.

Jeder Gedanke
wird zuerst gefühlt

 Beobachten wir Frau Lehmann, wie sie in ihrer dreißigminütigen Mittagspause am Freitag Einkäufe für das Wochenende erledigen will. An der einzigen offenen Kasse geht es einfach nicht vorwärts. Frau Lehmanns Hoffnung, schnell fertig zu werden, schwindet: «Hab ich's mir doch gedacht, nun muß ich schon wieder in meiner kurzen Mittagspause noch Schlange stehen. Wenn ich mir vorstelle, wieviel Zeit die anderen haben, es ist zum Aus-der-Haut-Fahren!» Das flaue Gefühl im Magen nimmt zu. Immer angespannter beobachtet sie, wie die ältere Dame vor ihr ganz langsam das Portemonnaie öffnet und sehr umständlich nach ihrem Geld sucht: «Die hat doch wirklich Zeit, morgens oder nachmittags einzukaufen! Das muß doch nicht gerade jetzt sein, während meiner Mittagspause!» Frau Lehmann merkt, wie ihre Hände den Griff des Einkaufswagens fester umklammern, ihre Schulter- und Nackenmuskeln sich verkrampfen, ihr Atem immer kürzer und ihr Blick starr wird. Sie hört innerlich schon die vorwurfsvollen Stimmen ihrer Kolleginnen, die ihr Telefon mitbedienen müssen. Vielleicht reagieren Sie so ähnlich, wenn Sie im Super-

markt oder am Fahrkartenschalter Schlange stehen, im Stau stecken oder beim Behördengang ständig an einen anderen Sachbearbeiter verwiesen werden. Unser Körper spiegelt in solchen Situationen, in denen wir uns überfordert fühlen, mit markanten Zeichen wider, daß das Flucht-Angriffs-Programm aktiviert wird. Wie unsere Vorfahren in der Steinzeit ziehen wir den Nacken ein, lassen die Schultern fallen, verkrampfen Schultermuskeln und Gelenke. Der Kiefer ist angespannt, die Augen sind schmal, und der Blick wird immer starrer und ist am Ende mehr nach innen gerichtet als nach außen. Wir reagieren dann nur noch nach Urmustern aus längst vergangenen Zeiten. Wie sehen Ihre Urmuster aus? Denken Sie zurück an Ihre überbrausenden Reaktionen und beobachten Sie Ihr Verhalten wie ein Detektiv. Jeder von uns hat aber auch schon einmal andere Situationen erlebt, in denen es gelang, diese vertrauten Muster zu durchbrechen.

Frau Lehmann erinnert sich: «Es war gleich am Anfang unserer Ehe, wir arbeiteten beide in unserem kleinen Gärtchen und gerieten über die Aufteilung der Beete unversehens in einen heftigen Streit. Mein Mann brüllte mich an: ‹Wenn du hier überall Blumen pflanzst, müssen wir viel zuviel arbeiten! Das nimmt ja überhand! Du hast so hohe Ansprüche, und ich hab dann keinen Feierabend mehr!› Ich beobachtete, wie er sich immer mehr in Hitze redete. Da nahm ich, ohne zu überlegen, den Wasserschlauch und fing an, ihn abzuspritzen. Erst war er starr vor Überraschung.

Muster durchbrechen

Dann brachen wir beide in ein solches Gelächter aus, daß wir uns gar nicht beruhigen konnten und uns auf den Rasen setzen mußten und immer weiter lachten! Genau nachgedacht hatte ich eigentlich nicht. Innerlich sah ich ihn nur überkochen, und da wollte ich ihm eben helfen. Antun wollte ich ihm nichts, es war ein heißer Sommertag. Mein Gesicht muß wohl ausgedrückt haben, daß ich ihm nur helfen wollte, wieder auf den Boden der Tatsachen zurückzukommen.»

Was ist für Sie persönlich besonders wichtig an diesem Zustand? Sind es eher die körperlichen Merkmale oder eher die inneren Stimmen, die für Sie die Erinnerung an die angenehmere Situation konkret werden lassen? Oder sind es die inneren Bilder?

Es gibt charakteristische Haltungsmerkmale, die erkennen lassen, ob jemand in gelassener Stimmung ist. Auffällig sind der gerade Rücken und die zentrierte Körperhaltung. Die Schultern sind nach hinten gestreckt, der Hals ist lang, die Haltung aufrecht und die Belastung auf dem rechten und dem linken Bein ungefähr gleich. Dazu gehören innerlich bunte Bilder oder Filme von lachenden, schmunzelnden, positiv überraschten Menschen. Die Stimmen sind melodiös, voller Timbre, im angenehmen Rhythmus.

Jeder Gedanke wird von uns gefühlt, bevor wir ihn überhaupt bemerken und in Worte fassen können. Diese Erkenntnis wollen wir uns aktiv zunutze machen. Innerlich entspricht jeder Gedanke und jede Erfahrung einer Art Film, der unsere fünf Sinnspuren wiedergibt. Das Gehirn kann man sich als eine Art Programmbibliothek mit Tonbildschauen vorstellen. Unsere Nerven leiten alles, was wir mit unseren fünf Sinnen außen erleben, ans Gehirn, wo die Tonbildschauen mit den dazugehörigen Gefühlsprogrammen gespeichert sind. Indem wir unsere Aufmerksamkeit auf bestimmte Situationen konzentrieren – wie wir es eben taten –, können wir, unabhängig vom äußeren Geschehen, diese Situation wieder aufrufen. Wir können alles noch einmal so erleben, als ob es jetzt passierte! Wenn wir also die passenden Tonbildschauen aus unserer Gehirnbibliothek entnehmen, können wir unsere Gefühle «auswählen».

Gefühle auswählen

Jeder hat individuelle Cool-Erlebnisse, die mit bestimmten Bildern, Filmen, Tönen, Gefühlen, Worten und körperlichen Empfindungen verbunden sind. Uns allen gemeinsam sind jedoch einige charakteristische Merkmale:

■ Der Körper ist aufgerichtet

So wird über das Rückgrat das Gehirn optimal mit Sauerstoff versorgt. Je mehr Sauerstoff im Gehirn ankommt, um so mehr Denkzellen können eingeschaltet werden. Schon eine kleine Bewegung nach vorn reduziert die Sauerstoffzufuhr im Gehirn so, daß Teile des Großhirns abgeschaltet werden müssen und die Denkleistung sinkt. So beginnt der Anfang des Streßzustandes.

■ Wir sind balanciert, d. h., wir stehen mit beiden Beinen (Füßen) auf der Erde

Diese symmetrische Haltung hat einen besonderen Vorteil: Da das Großhirn aus zwei Hälften besteht, und jede Hälfte die gegenüberliegende Körperseite steuert, bedeutet die Haltung «Mit beiden Füßen auf dem Boden», daß wir über unseren Körper unsere beiden Gehirnhälften gleichmäßig einschalten können! Der Atem ist sehr ruhig. Im Ruhezustand atmen wir zwölf- bis fünfzehnmal pro Minute. Je entspannter das Zwerchfell und die Bauchmuskulatur sind, desto besser gelingt die Bauchatmung, desto besser funktioniert die Sauerstoffversorgung von Gehirn und Körper und somit auch die Schadstoffentsorgung.

Der innere Detektiv:
Selbstbeobachtung

Seien Sie Ihr innerer Detektiv und versetzen sich in eine Ihrer Cool-Situationen zurück. Suchen Sie sich einen ruhigen Platz und machen Sie es sich ganz bequem.

Erleben Sie die Situation mit allen Ihren Sinnen. Sehen Sie, was Sie damals gesehen haben und machen Sie sich diese Bilder und Filme mit allen Farben, allen Schattierungen und allen Nuancen innerlich so bewußt, daß Sie sie malen könnten.

Wenn Sie die Bilder genau sehen können, konzentrieren Sie sich auf Ihr inneres Ohr und hören Sie, wie Ihre Stimme damals klang, wie die Stimmen der anderen klangen. Machen Sie sich Tonhöhe, Rhythmus und Melodie der Stimmen bewußt.

Stellen Sie fest, was Sie am ausgeprägtesten wahrnehmen. Ist es die Atmung, ist es die gerade Körperhaltung oder ist es die Gleichgewichtigkeit der Körperbalance – auch im Sitzen? Spüren Sie an Ihrem Körper, wie Sie sich damals fühlten. Wie standen, saßen oder lagen Sie? Wie angespannt oder entspannt waren Ihre Muskeln an den Schultern, am Rücken, an der Brust, an den Beinen? Wie fühlte sich Ihr Atem an?

Wie waren Ihre Augen, starr oder locker? Wie fühlten sich Ihre Lippen an, schmal oder voller? Welches Gefühl hatten Sie in Ihrem Unterkiefer, angespannt oder locker?

Jetzt gehen Sie zum Vergleich in eine Situation, in der Sie sich überfordert fühlten, in der viel zuviel auf Sie einstürmte, wo Sie innerlich am liebsten «Halt!» gerufen hätten. Erleben Sie den Unterschied, wie sich Ihre Cool-Haltung in eine Streßhaltung verändert? Was passiert zuerst, was folgt darauf?

- Augen werden schmal/starr
- Mund wird schmal, Kiefer verkrampft sich
- Nacken wird eingezogen
- Schultern gehen nach vorn
- Bauchmuskeln und Zwerchfell verkrampfen sich
- Gewicht geht auf die linke oder die rechte Körperseite

Was sehen Sie innerlich, wenn Sie an diese Situation zurückdenken? Wie sehen die Filme aus, hell oder dunkel, klar oder verschwommen, farbig oder schwarzweiß?

Stellen Sie alle Einzelheiten genau fest. Lassen Sie Ihre inneren Bilder und Filme der unangenehmen Situation gleichzeitig mit dem Cool-Film laufen. Vergleichen

Sie. Welche Unterschiede sind in den inneren Bildern zwischen cool und Streß am deutlichsten?

Was hören Sie innerlich, wie klingt Ihre Stimme, flach oder melodiös? Hoch oder tief? Gepreßt oder klar? Wie klingen die Stimmen der anderen? Merken Sie sich diese Eindrücke und vergleichen Sie auch diese inneren Tonbänder mit den Tonbändern der Situation, in der Sie cool geblieben sind.

Setzen Sie auch noch Ihre beiden anderen Sinne ein, nämlich Riechen und Schmecken. Sind Veränderungen mit dem Cool- oder mit dem Streß-Erlebnis oder mit beiden verbunden? Welchen Geschmack haben Sie auf der Zunge, wenn Sie an eine der beiden Situationen denken? Was riechen Sie?

Machen Sie sich bewußt: Was ist für Sie persönlich am wichtigsten, um eine bestimmte Geistesverfassung wiederzuerleben? Sind es eher die Bilder oder die Töne oder die körperlichen Gefühle? Dieses Wissen wird Sie bei vielen der folgenden Übungen unterstützen.

Übungen für die Psycho-Power

Soforthilfen

Der Streß kommt hoch, und nun? Wie lassen sich die Adrenalinstöße stoppen? Am besten wäre es, sich aus der Situation sofort zurückzuziehen, um sich zu entspannen. Dafür hat jeder von uns seine Hausmittel.  Sie reichen von Schlafen, einem warmen Bad oder lauter Musik über Schreien, Sich-Austanzen oder Joggen bis hin zum Yoga. Das ist nicht immer möglich. Was kann man aber auf die schnelle tun? Unbewußt wissen wir das – benutzen wir diese Mittel doch einfach. Einige Dinge tut man besser im Zurückgezogenen, andere wiederum sind so unauffällig, daß man sie getrost direkt in der Situation praktizieren kann.

Gähnen
Es geht hier um das Einschalten beider Gehirnhälften. Sozial wenig akzeptiert, aber dafür um so wirksamer: das Gähnen! Es ist ein natürlicher Reflex, der die Körperatmung vertieft, den Kreislauf anregt und die

Energiezufuhr im Gehirn verbessert. Und gerade das ist dringend notwendig, wenn sich Adrenalin ausbreitet. Gähnen bringt außerdem die Schädelknochen ins Gleichgewicht und löst die Spannung in Kopf und Kiefer. Wenn man zusätzlich das Kiefergelenk massiert, kann man verschiedene Muskelgruppen gleichzeitig entspannen. Das Kiefergelenk ist eine der wesentlichen Verbindungsstellen zwischen Gehirn und Körper. Unter Streß können gerade die Kiefermuskeln die verspanntesten Muskeln überhaupt sein. Lassen Sie Ihren Kiefer bequem nach unten fallen, tun Sie so, als ob Sie gleich gähnen müßten.

Vielleicht haben Sie die Gelegenheit, einen tiefen, entspannten Gähnton von sich zu geben. Das können Sie natürlich nach Bedarf wiederholen.

Wenn Sie sich in der Öffentlichkeit befinden, halten Sie einfach die Hand vor den Mund. Ist auch das noch zu auffällig, massieren Sie nur Ihr Kiefergelenk. Da Kiefer, Hüft-, Hand- und Fußgelenke die Balance des ganzen Körpers ausmachen, helfen zusätzlich leichte Rotationen in diesen Gelenken. Wir streichen dazu leicht übers Kinn oder halten die Wange, denn genau das sind die Punkte, die sich bei Streß am ehesten verspannen.

Finden Sie heraus, ob Gelenke, Kiefer, Hüfte, Hände oder Füße die stärkste Auswirkung auf die Entspannung, die Balance und die Symmetrie Ihres ganzen Körpers haben.

Tief durchatmen

Beim ersten Alarmzeichen halten wir den Atem an – schon um besser hören zu können. In der Regel wird bei Streß der Atem flacher. Die einfachste Art, das Streßhormon Adrenalin zu stoppen, ist: tief durchatmen! «Da muß ich erst mal Luft holen», sagt der Volksmund. Der Versuch, die Atmung zu kontrollieren, vertieft oft den Streß, was die Sauerstoffzufuhr für Blut und Gehirn noch weiter reduziert. Tief durchatmen in Streßsituationen hört sich so einfach an. Wir sind uns aber oft gar nicht bewußt, wie wir ein- oder ausatmen. Wir beginnen mit dem Ausatmen. Um sicher zu sein, daß Sie ganz tief atmen, legen Sie die Hand auf die untere Bauchdecke. Spüren Sie nach, wie sich beim Ausatmen die Bauchdecke nach innen einzieht, beim Einatmen wieder nach außen wölbt. Wenn Sie Ihren Atemrhythmus entdeckt haben, atmen Sie langsam ein. Zählen Sie dabei bis drei. Halten Sie den Atem an, während Sie ebenfalls bis drei zählen, und atmen Sie dann auf drei wieder aus. Diesen Zyklus können Sie mehrfach wiederholen. Sicher merken Sie, welcher Rhythmus Ihnen am angenehmsten ist. Zählen Sie weiter bis vier oder fünf, Ihr Atem wird dann immer tiefer.

Stirn berühren

«Ich faß mir an den Kopf», «Ich bin wie vor den Kopf geschlagen». Solche Sätze zeigen, daß wir instinktiv wissen, welche besondere Rolle unsere Stirn in Streßsituationen spielt. Es geht speziell um zwei Punkte, die sogenannten Stirnbeinhöcker, die in der Mitte zwischen der Haarlinie und den Augenbrauen liegen. Die Stirnbeinhöcker sind «neuro-vaskuläre» (das Blut versorgende System-)Kontaktpunkte am Kopf. Durch Berührung werden Muskeln gestärkt und die Durchblutung in bestimmten Organen und Muskeln angeregt.

Es handelt sich um eine Stärkungs- und Entspannungstechnik. Sie aktivieren die Stirnbeinhöcker durch leichtes Berühren mit den Fingerspitzen. Die **Puls fühlen** Berührung soll gerade stark genug sein, um die Haut sanft zu dehnen. Nach einigen Sekunden werden Sie einen gleichmäßigen Puls von 70 bis 74 Schlägen pro Minute spüren. Es ist der Puls der kleinen Kapillargefäße der Haut, unabhängig vom Herzschlag. Berühren Sie die Punkte so lange, bis dieser Puls unter beiden Händen gleich schnell schlägt. So erreichen Sie einen Zustand der Entspannung und einer optimalen Durchblutung. Dabei werden neue Sichtweisen eines Problems sich einstellen.

Berühren der Thymusdrüse

Ein weiterer Körperpunkt, den Sie relativ unauffällig berühren können, ist die Thymusdrüse. Die Thymusdrüse gilt als Bindeglied zwischen Körper und Geist. Durch Stimulation dieser Drüse bringen Sie Ihren Energiehaushalt wieder ins Gleichgewicht. Legen Sie eine Hand auf den Bauch, um Ihre Atmung zu kontrollieren. Legen Sie die andere Hand flach auf Höhe des Brustbeins. Dieser Bereich liegt direkt über der Thymusdrüse. Dort befindet sich auch der Thymuspunkt. Jetzt klopfen Sie zehn- bis zwölfmal leicht auf diesen Punkt. Das neutralisiert stressige oder kraftzehrende Gedanken. Aussagen wie «Ich schlag' mir auf die Brust», «Das war wie ein Schlag auf die Brust» zeigen, daß wir uns unbewußt mit der Energiebalance durch die Thymusdrüse auseinandersetzen.

Gaumentechnik

Es gibt einen weiteren Reflexpunkt, den schon die Griechen, Römer und auch die Inder kannten und nutzten. Legen Sie die Zunge gegen den Gaumen, die Zungenspitze soll sich ungefähr einen halben Zentimeter hinter den oberen Schneidezähnen befinden. Sie werden merken, daß die Berührung sehr angenehm ist. Vielleicht müssen Sie gähnen. Auf jeden Fall werden Sie merken, daß Sie tiefer atmen. Das ist schon eine der wesentlichen Bedingungen, um das Gehirn wieder voll einzuschalten.

Bewegung im Beruf

Sind Sie in Ihrem Beruf ständig auf den Beinen? Verkäufer oder Kellner, Lagerverwalter oder Tankwarte laufen, ohne das es ihnen bewußt ist, täglich Kilometer am Arbeitsplatz. Es gibt eine Möglichkeit, durch die Art der Bewegung dazu beizutragen, auch im Alltagsstreß die Gehirnhälften im Gleichgewicht zu hal-

Immer auf den Beinen

ten. Wenn wir nämlich gestreßt sind, bewegen wir uns seitengleich, d. h. den *rechten* Arm und das *rechte* Bein oder den *linken* Arm und das *linke* Bein. Nun wissen wir ja, daß unser Gehirn den Körper über Kreuz steuert, also die linke Gehirnhälfte den rechten Körperteil und die rechte Gehirnhälfte den linken Körperteil. Wir wissen auch, daß wir mit Hilfe unseres Körpers das Gehirn aktivieren können. Wenn wir uns nun in gestreßten Situationen seitengleich bewegen, lähmen wir das Gehirn. Daher ist es ratsam, darauf zu achten, sich bewußt über Kreuz zu bewegen. Achten Sie beim Gehen darauf, mit dem rechten Bein den linken Arm und mit dem linken Bein den rechten Arm zu bewegen. Wenn Sie sich einmal daran gewöhnt haben, wird Ihnen dies ganz nebenbei und automatisch gelingen. So schaffen Sie eine gute Voraussetzung, cool zu bleiben.

Achten-Malen

Am Schreib-tisch Für alle, die am Schreibtisch sitzen oder sonst eine bewegungsarme Tätigkeit ausüben, gibt es einen anderen einfachen Weg: Malen Sie liegende Achten, deren Schnittpunkte mit Ihrem Bauchnabel auf einer Achse liegen. Malen Sie die Achten schwungvoll von links oben nach rechts unten. Sie aktivieren Ihre Körperhälften und verbinden im Schnittpunkt der Acht, der mit Ihrem Bauchnabel auf einer Achse liegt, die Körperhälften miteinander. Sie werden wahrscheinlich beobachten, daß ein Kreis der Acht relativ rund ist und der andere flach oder auf alle Fälle sehr gequetscht aussieht. Erst wenn beide Bögen wieder ganz rund sind und Ihnen die Acht ganz flüssig und symmetrisch aus der Hand fließt, ist das Gehirn wieder in Balance.

Soft eyes

«Blind vor Wut!», «keinen Überblick mehr haben». Diese und ähnliche Formulierungen deuten an, daß man unter Streß die Augen buchstäblich abschalten kann. Bereitet sich der Körper auf Flucht oder Angriff vor, so zieht sich das Blut aus der Körperoberfläche zurück. Ebenso schließen sich Tränendrüsen, die Augen werden trocken, und der Blick wird starr und matt. Die Lider sinken nach unten. Wenn wir ausgeglichen sind, sind die Augen lebendig und nehmen ihren Bewegungstanz auf. Nur wenn beide Gehirnhälften aktiviert sind, blicken unsere Augen lebendig, neugierig, belebt. Unter Streß passiert genau das Gegenteil. Die Augen sind starr und auf Fehler gerichtet, so daß wir nur noch ganz kleine Ausschnitte der Umwelt wahrnehmen.

«Ich schau dir in die Augen, Kleines», sagt Humphrey Bogart zu seiner Partnerin Ingrid Bergman in «Casablanca». Mit einem Blick wie zwischen Verliebten kann man in Streßsituationen die Entspannung einleiten. Denn über die Augen entspannen wir die Kiefer und zentrieren den ganzen Körper. Sie können diesen Blick bewußt anwenden.

Starren Sie nicht auf einen bestimmten Punkt, sondern

nehmen Sie Ihr ganzes Blickfeld wahr. Das können Sie folgendermaßen erreichen: Halten Sie beide Hände mit etwas Abstand vor die offenen Augen. Schütteln Sie die Hände leicht und nehmen Sie sie langsam horizontal auseinander, als würden Sie einen Theatervorhang öffnen. Nehmen Sie Ihre Hände so weit auseinander, daß Sie sie gerade noch aus Ihren Augenwinkeln (peripher) wahrnehmen können. Behalten Sie aber dabei die ganze Fläche vor sich im Auge.

Durch das langsame Auseinandernehmen der Hände oder das Öffnen des Theatervorhangs können Sie sich der Weite Ihres Blickfeldes bewußt werden. Somit gewinnen Sie den sogenannten peripheren Blick, der wegen seiner Weichheit auch «soft eyes» genannt wird. Mit diesem Blick kann man sein Gegenüber stundenlang ansehen und schickt ihm gleichzeitig Energie.

Wenn man eine gewisse Routine erlangt hat, braucht man nicht mehr die vollständige Übung zu machen. Es genügt, die Hände rechts und links – ein beiläufiges Gestikulieren – zu schütteln, um den peripheren Blick zu erlangen.

Der Blick der Verliebten Von Verliebten sagt man, daß sie sich nicht aus den Augen lassen können, daß sie sich gegenseitig mit den Augen auffressen. Warum verwenden wir nicht diesen Blick der Verliebten auch zum Cool-Bleiben? Die Körpermotorik, die mit diesen soft eyes verbunden ist, ist entspannt, weich, und das Durchatmen fällt leichter.

Die Augenspezialistin Janet Goodrich hat mich auf

Peripher sehen: Schauen
Soft Eyes

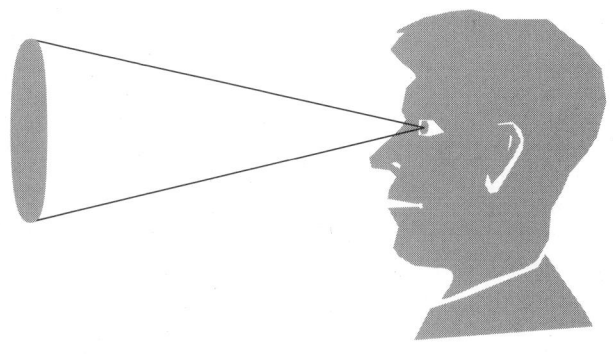

Fokussiert sehen: Orientieren
Fixieren

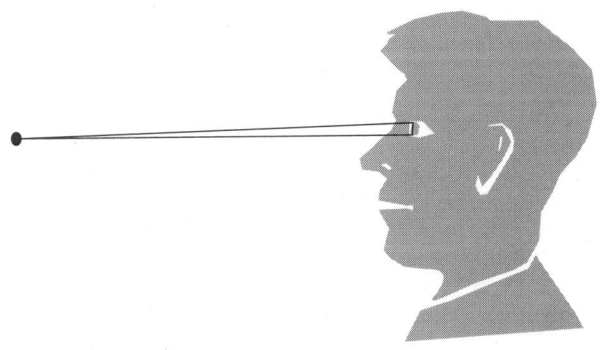

**Die Zauber-
feder**

eine weitere Idee gebracht: Befestigen Sie eine lange, prächtige, imaginäre Zauberfeder auf der Nasenspitze. Mit dieser Feder berühren Sie die Gegenstände Ihrer Umgebung, die Landschaft oder den Fußboden. Alles, was Sie interessiert, zeichnen Sie mit der Feder nach. Wenn Sie das eine Weile getan haben, werden Sie merken, wie Ihre Augen anfangen zu tränen, weicher werden, wie sich dadurch Ihre Muskelverspannungen lockern. Gerade im Supermarkt oder vor der Schlange am Postschalter ist der weiche Blick oder die Nasenfeder eine sehr wirksame Möglichkeit, um cool zu bleiben. Fahren Sie Ihre unverschämten Mitmenschen mit Ihrer Zauberfeder ab, kitzeln Sie sie an allen möglichen Stellen, haben Sie einfach Spaß daran.

Augenrollen

Zu den wichtigsten NLP-Erkenntnissen gehört die Tatsache, daß unser Verhalten auf inneren Erlebnissen beruht, die wir z. B. als Bilder gespeichert haben. Viele der folgenden Übungen betreffen die Möglichkeiten, durch Veränderung dieser inneren Bilder eingefahrene Reaktionsmuster positiv zu beeinflussen. «Augenrollen» ist deshalb als einführende Übung anzusehen, weil sie auch solchen Menschen den Weg zu ihren inneren Bildern weisen kann, denen dieser Gedanke bisher noch völlig fremd war.

Rollende Augen gelten als direktes Anzeichen für Verwirrung, Verzweiflung, für Auswegslosigkeit: Wir können Situationen nicht mehr deuten, haben sie nicht mehr ganz im Griff. Sie lassen sich jedoch auch als An-satzpunkt zur Entspannung begreifen, denn durch die Rollbewegung werden die Augenmuskeln gelockert, was sich wiederum entspannend auf den Bereich der Nackenmuskeln, des Rückens und auf die Atmung auswirkt. Aber das ist längst nicht alles. Wer in seiner Verzweiflung die Augen rollt, sucht unbewußt in allen fünf Sinnesspeichern nach Lösungen, denn die Augen haben Zugang zu unserem Informationsspeicher im Gehirn. Jede neue Augenrichtung bringt neue Infor-mationen und weitet den Blickwinkel.

Ärgern können wir uns nur, wenn das Gefälle zwi-schen dem, was wir erleben, und dem, was wir erwar-ten, zu groß wird: Dann empfinden wir häufig Streß, Angst und Wut. Wir können dem entgegenwirken, in-dem wir unsere Augenposition ändern. Doch dazu müssen wir wissen, welche Informationen sich über die jeweilige Blickrichtung abrufen lassen: Im oberen Drittel werden im Gehirn visuelle Informationen ab-gerufen, im mittleren Drittel geht es um Hörinforma-tionen und im unteren Drittel um Gefühle und innere Selbstgespräche (siehe Grafik Seite 43).

Im einzelnen lassen sich folgende Bereiche unterschei-den, wobei sich «links» und «rechts» auf die beob-achtete Person selbst sowie auf typische Rechtshänder beziehen. Linkshänder sollten prüfen, ob bei ihnen die Seiten vertauscht sind.

Oberes Drittel

Augen oben links: Bilder, die man irgendwann tatsächlich gesehen hat und die in der rechten Gehirnhälfte gespeichert sind.

Augen oben rechts: Bilder, die man noch nie gesehen hat, z. B. geplante Zielbilder.

Mittleres Drittel

Augen Mitte links: gehörte Töne, Geräusche und Klänge. Welches ist Ihr Lieblingsweihnachtslied? Können Sie es innerlich hören? Es müßte Ihnen besser gelingen, wenn Sie die Pupillen in diese Position stellen. Noch leichter ist es, wenn Sie dazu den Körper etwas nach links und nach vorn beugen.

Augen Mitte rechts: konstruierte Töne, Geräusche, Klänge; z. B. positive, aufmunternde Sätze und Worte.

Unteres Drittel

Während das erste und zweite Drittel ganz klar Bildern und Tönen zugeordnet sind, ist der untere Bereich verschieden spezialisiert.

Augen unten links: Hier sind Sie in einem sogenannten inneren Dialog; d. h., Sie hören sich selbst zu oder sprechen mit sich selbst. Da in unserer Kultur die Haltung «Eigenlob stinkt» allgemein akzeptiert ist, handelt es sich meistens um einen kritischen inneren Dialog. Daher ist es bereits eine Hilfe, die Augen bei der ersten inneren Kritik zunächst in eine andere Stellung zu bringen, um andere Informationen abzurufen. So

42

Augenpositionen

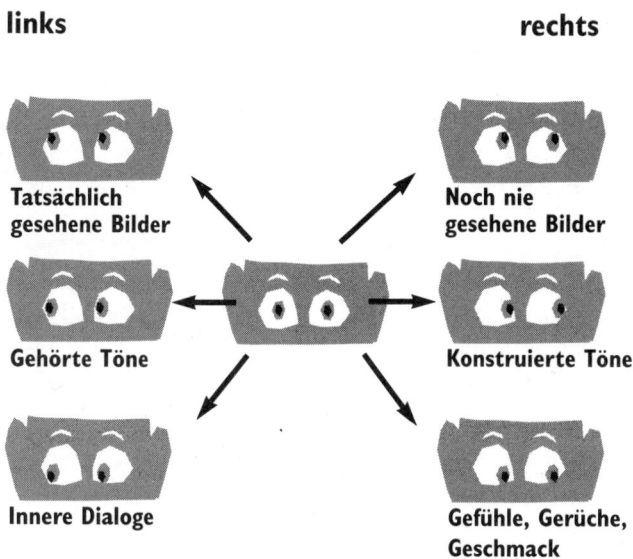

links   **rechts**

**Tatsächlich
gesehene Bilder**   **Noch nie
                                                           gesehene Bilder**

Gehörte Töne   **Konstruierte Töne**

Innere Dialoge   **Gefühle, Gerüche,
                                                           Geschmack**

hat man vielleicht die Chance, problematische Situationen mit mehr Überlegung und «klarerem Blick» schneller zu lösen.

Augen unten rechts: Hier geht es um Gefühlsszenen und außerdem um Geruchs- und Geschmacksinformationen. Erinnern Sie sich, wie Sie sich morgens kurz vor dem Aufstehen fühlen, wenn Sie noch wohlig im Bett liegen?

Die unauffälligste und nachhaltigste Entspannungs-
methode besteht darin, sich die Streßsituation genau
anzusehen oder sich an das Streßproblem genau zu erinnern, um dann mit den Augen in alle sechs Positionen zu gehen. Schon dies wird Ihre Haltung zu den
Problemen nachhaltig und positiv verändern.

Wem es bisher schwerfiel, sich Szenen bildlich vorzu-
stellen, der findet in dieser Übung eine direkte Hilfe.
Mit den Augenbewegungen ist es möglich, sich gezielt
Erinnerungen in allen Sinnesarten zugänglich zu machen: So können wir uns an schöne Erlebnisse wieder
erinnern und schrittweise aus einer Enttäuschung oder
einem stressigen Zustand heraus cool werden. Wir
können feststellen, welche Art des Erinnerns uns besonders leicht- oder besonders schwerfällt. Wenn Sie
alle sechs Positionen einmal durchgegangen sind, atmen Sie ein, schließen die Augen und warten ab, welche Bilder, Worte, Gefühle sich von selbst einstellen.

Körperlich Der Körper selbst bietet viele Möglichkeiten, um cool
entspannen zu bleiben. Es ist wichtig, daß Sie die Methoden herausfinden, die für Sie am geeignetsten sind: Wer viel
Umgang mit Menschen hat, wird sicher die unauffäl-
ligeren Methoden wie das tiefe Durchatmen, die Gau-
mentechnik oder die «Softeyes»-Technik bevorzugen.
Wer unbeobachtet ist, kann gähnen oder seine Stirnbeinhöcker berühren, auf den Thymuspunkt klopfen
oder die Augen rollen. Sollten Sie viel in Bewegung

sein, dann achten Sie bewußt auf den «Über-Kreuz-Gang». Für alle «Schreibtischhocker» sei noch einmal erwähnt, daß das Malen liegender Achten eine hervorragende Methode ist, sich zu zentrieren und seine Denkfähigkeit zu erhalten. Sehr beliebt ist darüber hinaus die Zauberfeder: Sie entspannt nicht nur, sondern macht durch die Komik der Vorstellung besonders viel Spaß.

Bilder verändern

Die Soforthilfen zeigten Wirkung. In brenzligen Situationen wie morgens vor der Badezimmertür wandte jedes Mitglied der Familie Lehmann die Übungen an und konnte sich so an seine jeweilige Methode gewöhnen. Bei Herrn Lehmann jedoch war der Erfolg begrenzt: «Sobald der Zeiger eine Minute über die vereinbarte Zeit hinwegrückt, steigt der Ärger in mir hoch! Wenn ich mich gerade hinstelle und tief atme, hilft das ein wenig, aber je öfter ich auf die Uhr sehe – und das muß ich doch, damit ich rechtzeitig zur Arbeit komme –, desto größer wird meine Anspannung!»

Was ist zu tun? Herr Lehmann gehört, wie viele von uns, zu den Augenmenschen, die besonders stark auf visuelle Reize reagieren und die Welt zuerst mit den Augen wahrnehmen. Herr Lehmann erkannte, wie stark er von seinen Augen abhing: «Wenn ich die Augen zumache, sehe ich noch jetzt die geschlossene Badezimmertür wie eine Wand vor mir. An die Geräusche kann ich mich weniger gut erinnern!» Frau Lehmann konnte nur bestätigen, wie wichtig optische Eindrücke für ihren Mann sind: «Kerzenlicht beim Essen zum Beispiel verdirbt ihm den Appetit. Dann

kann er nicht klar sehen, was auf seinem Teller ist!» Sie selbst sei ganz anders: «Bei mir muß die Musik im Hintergrund stimmen. Wenn es in einem Lokal vornehm klingt, schmeckt mir das Essen gleich viel besser!» Die starke Augenorientierung zeigte sich bei Herrn Lehmann auch in seiner äußeren Erscheinung: «Ich habe immer Wert auf ein gepflegtes Auftreten gelegt. Ich achte noch heute auf korrekte Kleidung.»

Gehören Sie auch zu den Augenmenschen? Dann gibt **Augenmenschen** es für Sie besondere Möglichkeiten, Ihre Bild-Erinnerungen so zu verändern, daß Sie häufiger cool bleiben, wenn Sie es wollen. Herr Lehmann etwa konnte sein inneres Streßbild als sehr groß und grellfarbig beschreiben: Darin sah er sich selbst zu spät ins Büro hasten und unterwegs noch seine Kleidung ordnen. In seiner Aktentasche sah er stets ein einziges Durcheinander, weil er nicht dazu gekommen war, in Ruhe seine Unterlagen zu ordnen.

Mit solchen inneren Bildern dürfte es jedem von uns schwerfallen, gelassen zu bleiben. Was aber kann man dagegen tun? Die Lösung klingt einfach: andere Bilder auswählen, die eher positive Gefühle auslösen! Und so einfach ist es auch. Wie mit einer inneren Kamera können Sie die Bilder vergrößern oder verkleinern, Farbe herausnehmen oder hinzufügen, sie rahmen oder den Rahmen entfernen.

Herr Lehmann beschrieb das Bild «seiner» Badezimmerszene so: «Es ist mindestens zwei mal ein Meter groß und hell. Die Farben sind braun und hellgrau, zum Teil verschwommen. Das Bild hat keinen Rahmen und steht still – wie eine große Leinwand. Es befindet sich in drei Meter Entfernung in der Mitte vor mir und fängt etwa ca. in halber Körperhöhe an.»

Auch Sie können wie ein Galerist Ihre inneren Bilder genau untersuchen, sich den Rahmen ansehen, die Oberflächenbeschaffenheit, Konturen und Farbschattierungen betrachten. Schließen Sie Ihre Augen, lehnen Sie sich zurück und denken noch einmal an ein ärgerliches Erlebnis. Beschreiben Sie es in allen Einzelheiten: Was sehen Sie, wenn Sie anfangen, sich gestreßt zu fühlen? Stellen Sie sich zum Beispiel folgende Fragen:

- Handelt es sich um ein Standbild oder um einen Film?
- Wie groß ist das Bild/sind die Bilder?
- Welche Farben können Sie erkennen? Sind sie eher hell/eher dunkel?
- Hat das Bild einen Rahmen? In welcher Farbe?
- Wo im Raum um Sie herum befindet sich das Bild? In welcher Entfernung? Rechts oder links von Ihrer Körpermitte?
- Reicht das Bild bis zum Boden oder fängt es in der Luft an?
- Was sehen Sie sonst noch?

Nachdem Herr Lehmann sein Streßbild klar vor sich sah, probierte er folgendes: Er verkleinerte das Bild vor seinem inneren Auge, bis es schließlich nur noch ein Punkt war. Plötzlich wußte er gar nicht mehr genau, ob er eine solche Erinnerung überhaupt hatte, und mußte unwillkürlich tief durchatmen.

Dann verwandelte er das Bild wieder in seine ursprüngliche Größe zurück und nahm die Farben heraus, bis er alles in Schwarzweiß sah. Diesmal war die Wirkung nicht so groß, die Badezimmerszene wurde eher noch bedrohlicher.

Schließlich schob er das Bild in eine Entfernung von zirka 100 Metern von sich fort. Hierbei entspannten sich sein Gesicht und der ganze Körper noch tiefer als bei der Bildverkleinerung. Eine Verschiebung nach links oder rechts brachte keine wesentlich positive Gefühlsveränderung.

Die Grafik Streßabbau (siehe Seite 50) zeigt, was Sie tun können: Das Problembild wird zunächst zirka zwanzig Meter weit weggestellt und verkleinert. Nehmen Sie dann die Farbe heraus und schieben Sie es nach links. Verkleinern Sie es weiter bis auf Punktgröße und achten Sie auf Ihre Gefühle! Sie werden eher neutrale Empfindungen haben, die Erleichterung vom negativ besetzten Bildinhalt bringen.

Vielleicht prüfen Sie auch Ihren persönlichen Wortschatz. Was tun Sie sprachlich mit Ihren Alltagsproblemen? Beiseite schieben? Tiefer hängen? Ausblen-

Streßabbau

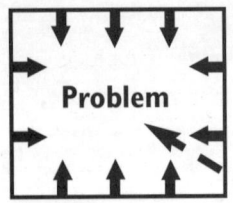

Verkleinern und links liegen- lassen.

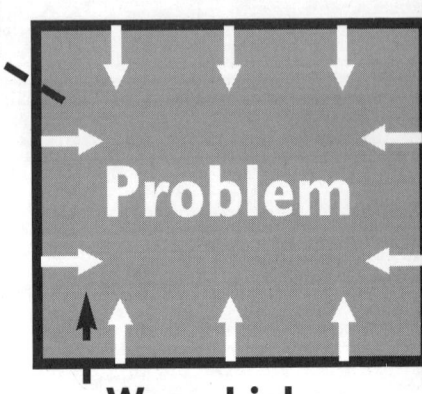

Wegschieben

den? Egal, ob Sie diese oder eine andere Formulierung wählen: Das Wort, das Ihnen zuerst einfällt, hat den besten Einfluß auf Ihre Veränderungsfähigkeit. Es informiert Sie darüber, was Ihr Gehirn bereits sehr gut tun kann. Wenn Sie z. B. zu den Menschen gehören, die häufig Probleme «verniedlichen», können Sie es das nächste Mal *bewußt* tun: Verkleinern Sie Ihr Problembild und statten Sie es mit allem aus, was es «niedlich» macht – vielleicht mit einem Plüschrahmen? Oder sorgen Sie dafür, daß alle Personen aussehen und sprechen wie Walt-Disney-Figuren.

Problembilder vergleichen

Cool bleiben heißt, seine Bilder in die richtige Perspektive zu rücken.
Klären Sie nun auf eine neue Art die entsprechende Situation! Überraschen Sie sich und Ihre Mitmenschen mit neuen, kreativen Lösungsmöglichkeiten.

Die Galerie-Übung

In manchen Fällen genügt es nicht, Streßbilder auf die eben beschriebene Weise zu verändern. Nach kurzer Zeit sind sie in der alten Form wieder da. Versuchen Sie dann, das Bild in Ihrer inneren Galerie vom Haken zu nehmen und ein anderes, positives an seine Stelle zu hängen.

Herr Lehmann zum Beispiel hatte mit der genannten

Übung durchaus Erfolg. Es dauerte jedoch nicht lange, da tauchte die alte Badezimmerszene wieder vor seinem inneren Auge auf. Er versuchte es daraufhin mit der Technik, sein «Lieblingsbild» an diese Stelle zu hängen. Er mußte gar nicht lange überlegen: Sonntags geht bei ihm immer alles gut. Die ganze Familie hat Zeit, die Stimmung ist locker, entspannt und freundlich. Herr Lehmanns «Sonntagsbild» enthält dementsprechend sanftere Farben, Pastelltöne und war auch nicht so groß wie das Streßbild.

Als er das Sonntagsbild an die Stelle des Streßbilds hängte und das letztere in ein inneres Foto-Archiv legte, entspannte er sich. Dort gab er ihm einen Namen. So kann er es auch später stets wiederfinden, um sich stolz zu erinnern, welche Situationen er bereits gemeistert hat.

Nun sollte er sich eine Lösung für sein Badezimmerproblem ausdenken. Und in der Tat erhellte sich sein Gesicht: «Ich könnte mit meiner Familie vereinbaren, daß jeder von uns nur die notwendigen Tätigkeiten im Bad ausführt, etwa Duschen, Zähneputzen etc. Für alles andere, wie Schminken, Rasieren, Frisieren, könnten wir die Gästetoilette benutzen, die auch sehr schön eingerichtet und geräumig ist.» Und was würde er tun, wenn sich seine Kinder nicht an die Vereinbarungen hielten? «Da müssen wir eine Zusatzvereinbarung treffen. Das Bad darf nicht abgeschlossen werden, so daß der nächste zum vereinbarten Zeitpunkt hinein kann und den Vorgänger einfach sanft hinausdrängt,

mit all seinen Utensilien.» Bei diesem Vorschlag mußte er lachen: «Na ja, vielleicht gibt es ja noch eine ele-
gantere Lösung. Jedenfalls werde ich das mit meiner
Familie vereinbaren.»

Wenn Sie selbst diese Übung nachvollziehen möchten, **Schritt für**
sollten Sie folgende Reihenfolge beachten: Denken Sie **Schritt**
an eine Situation, in der Sie sich bisher vom Alltag
stressen ließen und in der sie in Zukunft cool bleiben
wollen.

Beschreiben Sie ganz detailliert das nun vor Ihrem inneren Auge auftauchende Bild. Wenn es ein Film ist,
wählen Sie die Szene, die für Sie besonders bedeutsam
ist.

Verändern Sie die Bildeinzelheiten so, daß dieses
Streßbild auf Sie neutral wirkt. Vielleicht müssen Sie
es wegschieben, verkleinern, schwarzweiß färben, zu
einem Punkt zusammenschrumpfen lassen. Verändern
Sie das Bild so lange, bis Sie sich gerade noch erinnern
können, daß Sie diese Lernchance wahrnehmen wollen.

Machen Sie sich jetzt von einer Situation ein Bild, in
der Sie cool geblieben sind. Sehen Sie sich fähig, flexi-
bel, humorvoll; gestalten Sie dieses Bild farbig, bewegt, konturiert und kontrastreich, bis es Sie unwi-
derstehlich anzieht.

Legen Sie nun das kleine, dunkle, nach links gerückte
Streßbild in Ihrem inneren Foto-Archiv ab und benen-
nen Sie es, um es später wiederzufinden.

Hängen Sie das positive Bild an die Stelle des negativen und stellen Sie sich genau vor, wie Sie in Zukunft stressige Situationen der genannten Art meistern werden. Verändern Sie dann dieses Zukunftsbild so lange, bis Sie völlig sicher sind, später automatisch richtig zu handeln.

Der kleine Unterschied

Dieser Prozeß der Bildveränderung läßt sich noch verkürzen, wenn man sich auf die wesentlichen Bilddetails konzentriert, die das Gefühl am stärksten beeinflussen. Mit NLP hat man herausgefunden, daß es feine Qualitätsunterschiede der Bildeigenschaften gibt, die für starke positive, negative oder neutrale Gefühle sorgen. Diese Unterschiede lassen sich besonders effektiv für Veränderungsprozesse nutzen.

Für den Lehrer Peter E. waren Schüler, die zu spät kamen, ein rotes Tuch! Er fürchtete sich aus diesem Grund vor einem Stundenplan, nach dem er morgens zur ersten Stunde kommen mußte. Statt dessen versuchte er immer erst in der dritten oder vierten Stunde anzufangen, da die Schüler dann pünktlicher waren, weil sie ja nur vom Schulhof kamen. Auch dann erschienen zwar noch Schüler zu spät, aber das konnte er besser verkraften.

Peter E. verglich innerlich zwei Szenen: Die erste Szene zeigte ihm, wie er auf zu spät kommende Schüler cool reagierte. Er sah sich selbst in einer gelassenen, freundlichen Haltung die Schüler humorvoll, manchmal auch ein wenig spöttisch begrüßen. Seine Stimme hörte er innerlich normal laut und klangvoll, eher tief und volltönend. Seine positive Stimmung machte sich auch durch ein warmes, rundes Gefühl in der Magengegend bemerkbar. Mimik und Gestik waren ausgeglichen. Die Szene selbst war ein Panoramabild, hatte klare Konturen und leuchtende Farben.

In der zweiten Szene sah er sich in einer angespannten und verkrampften Haltung. Er war unfreundlich und sprach die Schüler auf ihre Verspätungen an; bestimmten Schülern gegenüber rastete er sogar regelrecht aus. Seine Worte hörten sich tadelnd und nörgelnd an, heller, lauter, und sie kamen viel schneller als in der ersten Szene. Im Brustbereich hatte er ein «abgeschnürtes» Druckgefühl. Seine Stirn lag in Falten, der Mund war angespannt, und er sah, wie er mit der Faust aufs Pult schlug. Dieses Bild war dunkel, mit eher ins Graubraune gehenden Farben, ohne Kontraste: ein rechteckiges kleines Standbild mit gezacktem Rahmen.

Nachdem er die wesentlichen Unterschiede zwischen beiden Bildern vergegenwärtigt hatte, fand er heraus, daß es der Panorama-Rahmen war, der seine Gefühle sofort verbesserte. Sobald er dem negativen Bild einen solchen Rahmen gab, verwandelte sich die nörgelnde, helle Stimme in seine volltönende, tiefe, und es änderte sich auch sein Gefühl. Er atmete tief ein und aus und bemerkte nach dieser Detailveränderung eine spürbare Erleichterung.

Panorama-Format

Diese Übung machte sich Peter E. zunutze: Vor einem Schultag simulierte er mögliche Situationen, indem er alle Bilder auf dieses Panorama-Format brachte. Der Erfolg war verblüffend. Nach einiger Zeit brauchte er gar nicht mehr zu üben. Der Panorama-Blick hatte sich innerlich automatisch eingestellt, und seine Stimme blieb angenehm – auch bei Streß.

Coole Reaktionen unterscheiden sich von genervten in Ihrer inneren Galerie manchmal nur durch ein Bilddetail. Wenn Sie diesen kritischen Punkt herausfinden, können Sie so Streßsituationen positiv beeinflussen.
Erinnern Sie sich an ein Streßerlebnis, das wieder passieren könnte, und erleben Sie diese Situation mit allen Sinnen. Achten Sie auf die besonderen Merkmale des Bildes. Wenn es sich um einen Film handelt, suchen Sie die bedeutendste Szene. Achten Sie auf alle Einzelheiten: Bildgröße, Helligkeit/Farbe, Kontrast, Rahmen etc.
Wählen Sie eine Situation, in der Sie cool blieben, obwohl es heiß herging, und erleben Sie diese Situation wiederum in allen Sinneskanälen. Achten Sie bei einem Film besonders auf die Bildqualität.
Jetzt plazieren Sie vor Ihrem inneren Auge beide Bilder nebeneinander und stellen alle Bildunterschiede fest.
Verändern Sie schrittweise das Streßbild so, daß es sich dem positiven angleicht. Was beeinflußt Ihr Gefühl am stärksten?

Wenden Sie genau dieses Merkmal auf Ihre inneren Bilder von Zukunftssituationen an. Stellen Sie sich vor, wann diese alltägliche Streßsituation wieder auf Sie zukommt, machen Sie sich von ihr ein detailliertes Bild und übertragen Sie das besondere Merkmal. Wenn eine der zukünftigen Bildsituationen kein Gefühl des Wohlempfindens und der Zufriedenheit auslöst, müssen Sie eventuell die anderen Bildmerkmale noch einmal auf ihre positive Wirkung hin überprüfen.

Die Überblend-Übung

Kennen Sie auch Leute, deren Stimmung ganz schnell umschlägt? Eben waren sie noch fröhlich, haben mitgelacht, plötzlich beißen sie die Zähne aufeinander, ihr Kiefer verkrampft sich, und die typischen Anzeichen von Streß werden deutlich wahrnehmbar. Durch Beobachtung solcher Personen ist man einem anderen Bildveränderungsprozeß auf die Spur gekommen, der gerade bei Dauerproblemen außerordentlich wirksam ist: Ebenso wie unsere Stimmung schnell ins Negative umschlägt, könnte sie sich auch positiv verändern.

Diese Kunst der positiven Umstimmung beherrschen nur wenige Menschen, und sie wird in unserer Gesellschaft nicht sehr hoch bewertet. Da heißt es oft vorwurfsvoll, daß jemand gern «verdrängt», sich den

Die Kunst der positiven Umstimmung

Überblenden

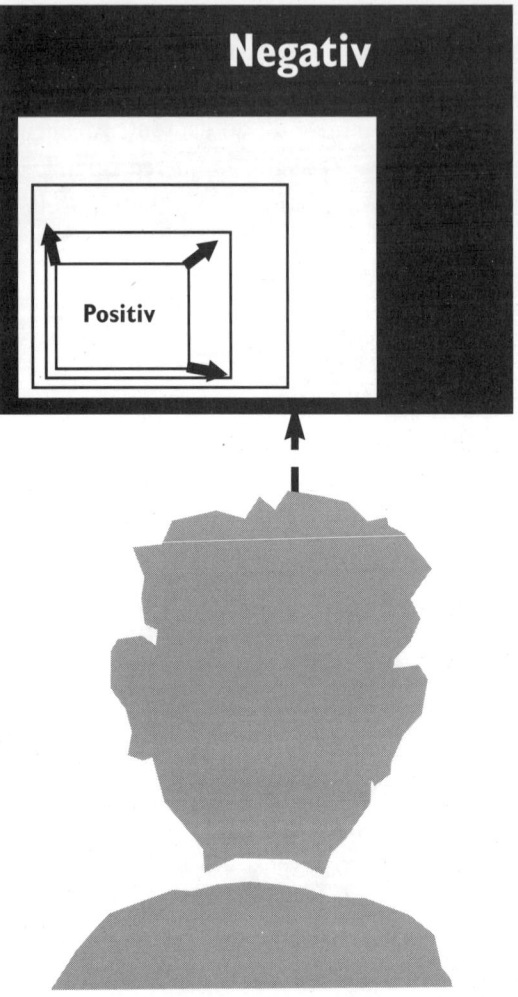

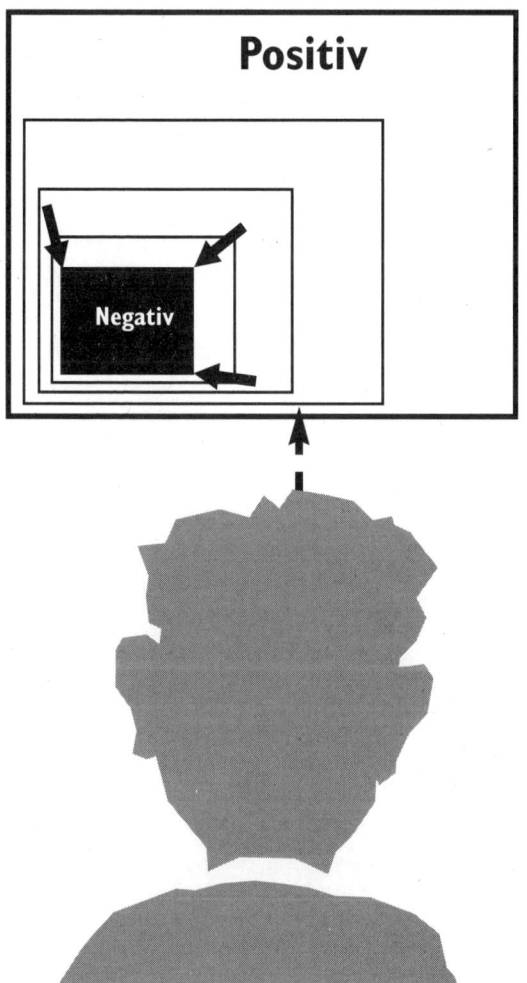

Dingen «nicht stellt». Dagegen wird allzuleicht akzeptiert, daß jemand seine gute Laune plötzlich verliert. Der Gehirnprozeß, der beiden Vorgängen zugrunde liegt, ist jedoch derselbe. Man kann ihn am besten mit bildlichem Überblenden vergleichen. So wie im Fernsehen Detailausschnitte plötzlich vergrößert werden und den ganzen Bildschirm ausfüllen, so ähnlich arbeitet auch unser Gehirn.

Dieser Vorgang spielte sich zum Beispiel auch bei Peter E., dem Lehrer, ab. Immer wenn der Uhrzeiger auch nur eine Minute über den Stundenanfang hinausging, sah er innerlich nur noch rot! Er überblendete alles, was er bis dahin an innerlichen Bildern aufgerufen hatte, mit roter Farbe, was ihn sofort in einen gestreßten und genervten Zustand versetzte. In diesem Fall gab es auch ein Auslösebild: die Uhr, die zeigte, daß die Stunde schon begonnen hatte. Dieses Bild löste bei Peter E. das Streßbild und die Farbe Rot aus.

Peter E. wußte genau, wie er reagieren *wollte*: Er konnte sich ein Bild von sich selbst machen, wie er locker und gelassen auf jeden zu spät kommenden Schüler reagiert und ihn einbezieht. Dieses innere Bild mit allen positiven Fähigkeiten war aber wesentlich kleiner und dunkler als das negative, streßbesetzte Auslösebild, das er hell und groß direkt vor sich sah.

Mit der Technik des «Überblendens» startete Peter E. folgenden Prozeß: Er setzte in die linke untere Ecke des Streßbilds das Fähigkeitsbild hinein wie eine Briefmarke. Dann verkleinerte er in seiner inneren Vorstellung das große, helle Streßbild auf Briefmarkengröße in die linke untere Ecke und vergrößerte gleichzeitig das kleine, dunkle Zielbild auf die Größe des ehemaligen Auslösebildes. Dieser «Überblendprozeß» dauerte nur wenige Sekunden. Nach vier- bis fünfmaligem Wiederholen schaffte Peter E. den gesamten Ablauf sogar in einer Sekunde mit dem Effekt, daß nach der letzten Überblendung nur noch das große, helle Zielbild als konstanter Eindruck übrigblieb. Das ursprüngliche Bild hatte seine gewohnte Wirkung verloren und war zu einem grauweißen Fleck auf dem Zielbild geschrumpft.

Nun stattete Peter E. das neue Bild mit satten Farbtönen aus und verstärkte die Kontraste. Als er zum Test das ursprüngliche Bild beschreiben sollte, gelang es ihm nicht mehr. Der Überblendprozeß war gelungen. Das Gehirn von Peter E. hatte sehr schnell gelernt, sich mit diesem positiven Zielbild neu zu orientieren.

Benutzen Sie diese Übung, um Ihrem zukünftigen Verhalten eine neue Motivationsgrundlage zu geben:
Wählen Sie eine Situation aus, in der Sie zukünftig cool sein möchten. Machen Sie sich klar, was Sie innerlich sehen, hören und fühlen, kurz bevor sich Ihr Verhalten automatisch negativ entwickelt. Beschreiben Sie sich dieses Bild selbst nach den genannten Kriterien: Vielleicht gehören auch Worte, Geräusche, bestimmte Gefühle und eine bestimmte Körperhaltung dazu. Wenn Sie möchten, machen Sie sich Notizen.

Wie cool wollen Sie sein in dieser und in ähnlichen Lagen? Sehen Sie sich selbst von außen als fähige Person, die diese Situationen cool bewältigt.

Führen Sie jetzt den Überblendprozeß durch:

Verkleinern Sie das Bild und setzen Sie es wie eine Briefmarke in die linke untere Ecke Ihres Negativbildes (für Rechtshänder; Linkshänder sollten es in die rechte untere Ecke plazieren).

Jetzt lassen Sie in wenigen Sekunden gleichzeitig das kleine, dunkle Zielbild hell und groß werden und verkleinern das Auslösebild auf Briefmarkenformat in die entsprechende Ecke.

Atmen Sie tief durch, bevor Sie diesen Vorgang vier- bis fünfmal in einer immer kürzeren Zeitspanne und jeden Durchgang schließlich in einer Sekunde ausführen können.

Verstärken Sie das neue große Bild mit anderen anziehenden Bild-, Ton- und Gefühlsqualitäten. Lassen Sie Ihrer Phantasie freien Lauf.

Test: Versuchen Sie das negative Bild nochmals vor Ihr inneres Auge zu holen. Es sollte seine Wirkung verloren haben bzw. in seiner alten Bildqualität gar nicht mehr vorhanden sein. Falls Sie nicht ganz zufrieden sind, wiederholen Sie die Übung und achten Sie darauf, daß die Bildqualität des Zielbildes wirklich attraktiv wird.

Töne verändern

Für Herrn Lehmann waren die Bilder-Übungen genau das richtige. Seine Frau aber konnte damit beim besten Willen nicht viel anfangen:
«Das ist wirklich nichts für mich! Meine Bilder sind alle so verschwommen; und wenn ich sie verändere, dann tut sich bei meinen Gefühlen herzlich wenig. Aber ich bin auch enttäuscht, wenn unsere Tochter sich nicht an die Vereinbarungen hält, und ich höre, daß mein Mann sich aufregt. Dann krampft sich mir immer der Magen zusammen!» Ich fragte sie, was in dem Moment, *kurz* bevor sich ihr Magen verkrampft, in ihr vorginge. Nach kurzer Überlegung antwortete sie, daß sie sich dann stets innerlich sagen hörte: «Das geht gleich schief, halt dich da bloß raus!»
Ein klarer Fall: Frau Lehmann war – anders als ihr **Ohrenmenschen**
Mann – kein Bilder-, sondern ein Ohrenmensch. Sie achtete stärker auf Worte, hatte ein größeres Differenzierungsvermögen im Hörbereich und reagierte insgesamt stärker auf das, was sie hört und sich innerlich sagt: «Bei mir beginnt der Streß, wenn die Atmosphäre so angespannt wird, daß ich es an der Stimme meines Mannes höre!» Frau Lehmann verstärkte

den Streß, indem sie innerlich in einer sehr negativen Weise mit sich redete.

Aber auch diese Verhaltensweise ist erlernt. Ein Teil der Menschen reagiert wie Frau Lehmann, man schätzt, daß die eher akustisch Orientierten etwa zehn Prozent der Bevölkerung ausmachen. Sie entnehmen dem Gesagten und Gehörten ihre notwendigen Informationen und entwickeln eher Gefühle zu Worten als zu Bildern. Doch auch diese Worte lassen sich verändern. Entsprechend der Bildtechnik ist es möglich, «innere Tonbänder» zu überarbeiten, z. B. die Töne leiser zu drehen, ein Gespräch mit Musik zu unterlegen, unschöne Geräuschkulissen umzukomponieren.

Der Ton macht die Musik

Der Ton macht die Musik: Dieser Satz ist bei solchen Menschen wörtlich zu nehmen, denn ihre Stimmungen hängen im wesentlichen davon ab, wie, in welchem Tonfall, in welcher Stimmlage oder in welchem Sprechtempo jemand mit ihnen spricht. Ist dieses Hörerlebnis negativ, wird in der Regel die rechte Hirnhälfte ausgeschaltet, die neben Kreativität und Humor vor allem für die Sprache zuständig ist. So wie wir innere Bilder bewerten, gehen wir auch mit inneren Tönen um. Die Art und Weise, wie wir innerlich mit uns selbst sprechen, gibt Aufschluß darüber, wie unsere rechte Hirnhälfte gerade arbeitet. In schwierigen Situationen neigen Ohrenmenschen zu demotivierenden Selbstaussagen wie z.B.: «Keiner mag mich» oder «Das geht sowieso schief» und ähnliches mehr. Solche Phrasen sagen sie innerlich mit flacher, eher langsamer, monotoner Stimme ohne Atem und in gebeugter Haltung.

Machen Sie selbst ein kleines Experiment: Testen Sie die nachstehenden Sätze, indem Sie sie sich innerlich vorsagen. Achten Sie dabei auf Ihre Körperhaltung und Ihre Gefühle. Vielleicht erkennen Sie eine dieser Aussagen wieder:

- Das kann niemals gutgehen.
- Dabei kommt doch sowieso nichts heraus.
- Das hatten wir doch schon.
- Das klappt auf gar keinen Fall.

Wahrscheinlich sind im Verlauf dieser kleinen Übung Ihre Augen nach unten links (für Rechtshänder) gewandert, Kopf und Oberkörper haben sich gesenkt, und Ihr Atem ist jetzt eher schwach. Unsere rechte Gehirnhälfte hat gut gelernt, bei solchen Redensarten einfach abzuschalten. Das verhindert, daß Hormone freigesetzt werden, die für eine motivierende, lustvolle Stimmung sorgen. Je stärker sich jemand auf diese Weise demotiviert, desto häufiger entsteht eine negative Einstellung zu streßbesetzten Situationen. Wenn Sie mögen, fragen Sie sich selbst einmal, welche Sätze/Aussprüche Sie in den folgenden Situationen zu sich selbst sagen: im Stau, im Wartezimmer, wenn sich jemand in einer Schlange vordrängelt, wenn jemand Sie versetzt hat etc.

Wer diese negativen Floskeln nun wie ein inneres Tonband umarbeitet und dafür innerlich einen melodiösen Satz sagt, der ihm Kraft gibt, der ihm Spaß macht, der ihn verzaubert – der schaltet sein Gehirn wieder ein und aktiviert dadurch seine kreative, humorvolle Seite.

Die Zaubersatz-Übung

Wir machten uns mit Frau Lehmann auf die Suche nach einer Lösung. Im ersten Schritt ging es um die Redensart, die sie zur Flucht aus der Situation veranlaßte: Das kann ja nur schiefgehen. In einem zweiten Schritt löschte sie die Tonbänder, indem sie den Rhythmus veränderte. Frau Lehmann las sich die Redensart immer wieder laut vor, wobei sie jeweils nur *ein* Wort besonders stark betonte:

> *Das* kann ja nur schiefgehen!
> Das *kann* ja nur schiefgehen!
> Das kann *ja* nur schiefgehen!
> Das kann ja *nur* schiefgehen!
> Das kann ja nur *schiefgehen*!

Das jeweils betonte Wort ist kursiv. Beim dritten Wort mußte sie schon lachen und sagte schmunzelnd: «Komisch, das stimmt ja gar nicht! Manchmal geht's ja auch gut!» Die rechte Gehirnhälfte hatte sich wieder eingeschaltet mit Spaß, Humor, Schmunzeln und klangvoller Sprache. Um zu testen, wie weit der Ausgangssatz schon gelöscht war, sagte Frau Lehmann den ursprünglichen Satz noch einmal. Doch der Klang war plötzlich anders, der Satz stimmte einfach nicht mehr. Das war der Sinn der Sache: Wenn sich die Klangmuster verändern, verändern sich auch die Gefühle.

Im nächsten Schritt versuchte sie, ein neues Tonband einzurichten, denn Frau Lehmann hatte die Angewohnheit, in Streßsituationen mit sich selbst zu sprechen. Also suchten wir einen Satz, der sie cool bleiben ließ. Sie fand zunächst: «Manchmal geht's ja auch gut!» Doch die Wirkung dieses Satzes war nur teilweise zufriedenstellend. So suchte sie weiter nach einem «magischen» Satz, nach einem «Zauberwort» für ein optimales Ergebnis. Nach einiger Zeit fand Frau Lehmann dann auch ihren Zaubersatz: «Ich bin locker und behalte den Überblick.» Mit einem Lächeln ergänzte sie allerdings: «Aber glauben tu ich's noch nicht! Wie wird sich denn mein Gehirn in der Situation an den richtigen Satz erinnern?»

Wir hatten einige Zeit gebraucht, um diesen Satz zu finden. Wichtig war nun, daß Frau Lehmann an den Satz glauben konnte und selbst imstande war, ihn in zukünftigen Situationen umzusetzen. Frau Lehmann wurde schließlich klar, daß sie zukünftig auch ihre

Augen einsetzen müßte, um den Überblick zu behalten. Sie erinnerte sich an viele stressige Situationen in ihrer Familie, in denen sie den Blick gesenkt und nicht mehr um sich geschaut hatte. So konnte sie auch nicht wahrnehmen, wie die Situation locker und leicht zu lösen war. Statt innerlich auf die Flucht zu gehen, wollte sie jetzt mit ihren Augen und Ohren weiter Informationen sammeln und ihr ganzes Gehirn einsetzen.

Mit denselben Methoden, mit denen wir im Gehirn die Tonbänder *verändert* hatten, installierten wir jetzt das *neue* Tonband. Frau Lehmann sprach den neuen Satz melodiös mit innerer Anteilnahme und einem Rhythmus, so daß er ihr wie Musik in den Ohren klang. Sie wiederholte ihn mehrfach, um seine Wirkung zu vertiefen. Da Frau Lehmann gern singt und bestimmte Pop-Songs vor sich hin summt, unterlegte sie den Satz mit ihrer Lieblingsmelodie «Yellow Submarine». Damit hatte sie sogar ihr eigenes Zauberlied: ein großer Vorteil, denn gerade beim Singen sind beide Gehirnhälften voll im Einsatz – und das beendet den Streß.

Wir prüften nun, ob der Satz schon in ihr Unbewußtes integriert war. Als sie noch einmal den ursprünglichen Streßsatz wiederholen wollte, zeigten ihre Augen, daß sie innerlich suchte, und sie stellte fest, nicht mehr in der Lage zu sein, ihn zu wiederholen. Der Satz war gelöscht. Um zu prüfen, ob sie mit dem neuen Zaubersatz erfolgreich sein könnte, versetzte sie sich wieder in eine der in naher Zukunft sicher erneut stattfindenden Badezimmersituationen. Mit dem vertrauten Gefühl von Streß, wenn ihr Mann seine Stimme hebt, sagte sie sich nun ihren neuen Zaubersatz mit der bestimmten Melodie. Ihre Miene entspannte sich, und sie war ganz begierig, die Methode im «Ernstfall» anzuwenden.

Frau Lehmann hat danach für viele andere Situationen neue Zaubersätze entwickelt, die ihr helfen, cool zu bleiben.

Wenn Sie wollen, können Sie selbst versuchen, Ihren Zaubersatz zu finden:

Wählen Sie eine Situation, die auch in Zukunft stressig für Sie sein könnte.

Was sagen Sie sich in dieser Situation? Schreiben Sie den Satz auf.

Jetzt sprechen Sie den Satz mehrfach, wobei Sie immer ein anderes Wort besonders betonen.

Test: Müssen Sie schon schmunzeln oder bleiben Sie **Tonbänder** so ernst wie am Anfang? Wenn letzteres der Fall ist, **löschen** beginnen Sie wieder von vorn. Vielleicht müssen Sie einige Runden zurücklegen, bis Sie dieses alte Tonband gelöscht haben.

Wählen Sie einen Satz, der Ihre Fähigkeit bezeugt, mit stressigen Alltagssituationen souverän umzugehen, also cool zu bleiben; z. B.: Ich bin fähig... oder: Ich bringe uns alle zum Lachen oder: Ich atme dreimal ein und aus und dann sage ich: Ich tue das Richtige!

Verändern Sie diesen Satz so, daß er wie Musik in Ihren Ohren klingt. Wählen Sie einen anderen Rhythmus, unterlegen Sie ihn mit einer Melodie, singen Sie ihn.

Wie lautete Ihr alter Satz? Er müßte jetzt aus Ihrem Gedächtnis verschwunden sein. Nur der neue Satz müßte sofort auftauchen.

Nun testen Sie den neuen Satz in einer zukünftigen Situation: Erleben Sie innerlich eine Alltagssituation, die Sie bisher stressen konnte, als Bild; horchen Sie, wie gesprochen wird. Jetzt sagen Sie ganz gelassen Ihren Zaubersatz. Bekommen Sie neue Ideen? Bemerken Sie einen anderen Umgang mit dieser Situation? Haben Sie ein positives Gefühl? Beenden Sie die Übung erst, wenn Sie sich wirklich gut fühlen. Vielleicht müssen Sie dazu noch einmal von vorn beginnen.

Rollen verändern

«Ich bin immer der Buhmann, der hier aufbraust! Aber einer muß ja in dieser Familie mal durchgreifen!» Das sagt sich so leicht, aber als Herr Lehmann gefragt wurde, ob er denn wirklich der Buhmann sein möchte, war er empört: «Natürlich nicht! Ich möchte meine Kinder anständig erziehen und meine Verantwortung als Vater ernst nehmen – als liebevoller Vater, auf den seine Kinder stolz sind. Dennoch sollen meine Kinder die Rechte anderer respektieren lernen und sich an Vereinbarungen halten.»

Der Buhmann

Herr Lehmann fragt sich, wie er diese Rolle besser bewältigen kann. Eine Antwort kennt er bereits: Indem er innerlich Filme von sich selbst sieht, in denen er als kompetenter und fähiger Vater auftaucht. Das klingt gut. Aber wie das in die Tat umsetzen? Noch dazu, wenn die Wogen hochschlagen und gerade das Gegenteil von dem passiert, was er sich als Vater wünscht? Aus seiner Sicht sind seine Kinder manchmal unzuverlässig und respektieren seine Rechte nicht. Hier bietet sich die Möglichkeit der Rollenveränderung an.

Das ist wörtlich zu nehmen. Menschen spielen im Leben ständig unterschiedliche Rollen, ob als Vater,

Mutter, Geliebte/r, Arbeitgeber/in oder Arbeitnehmer/in, Spielgefährte/in, Freund/in und Lebenspartner/in. Einige Rollen erfüllen wir mit allen Möglichkeiten und Fähigkeiten, die wir zur Verfügung haben. Andere, die uns auch einmal von einer eher negativen Seite zeigen, verstecken wir lieber, obwohl wir wissen, daß es sinnvoll wäre, daran etwas zu ändern.

Die Theater-Übung

Mit der Methode der Rollenveränderung ist es möglich, zum Beispiel die «Buhmann-Rolle» anders zu gestalten. Herr Lehmann wagte den Versuch. Er versetzte sich in die Lage eines Theaterbesuchers, indem er in einem imaginären Parkett Platz nahm. Auf der Bühne sollte gleich ein Stück gespielt werden, in dem ein Mann namens Lehmann mit seinen Kindern Martina und Daniel und seiner Frau auftritt. Der Titel, der ihm gleich dazu einfiel: «Vater greift mal wieder durch.»

Herr Lehmann zuckte erst etwas zusammen, war aber schnell bereit, sich diese charakteristische Szene aus seinem sicheren, imaginären Parkettsessel anzuschauen. Er sah sich auf einer inneren Bühne und beobachtete sich dabei, wie er bisher in seiner typischen Weise reagierte. Nach einigen Augenblicken sagte er überrascht: «Wenn ich so mittendrin bin im Familienstreß, fühle ich mich anders, als wenn ich mir selbst dabei zuschaue.» Genau das ist der Trick. Eine der wichtigsten

Zuschauer

72

Bildveränderungen, die wir erleben können, ist, selbst alles mit eigenen Augen zu sehen – sich also mittendrin zu fühlen – und sich dann selbst zuzuschauen, also einen Beobachterposten einzunehmen.

Während Herr Lehmann die Morgen-Szene noch einmal auf der Bühne ablaufen ließ, gelang es ihm, sich selbst zuzusehen, aber mit ganz anderen Gefühlen, eher mitleidig und ein bißchen beschämt. Nun sollte er vom Parkett als Meisterregisseur seinem Schauspieler, Herrn Lehmann, einen Tip geben, wie er in dieser Situation cool bleiben und sie positiv für sich umsetzen kann. Aus dieser neuen Distanz heraus hatte Herr Lehmann eine gute Idee: «Das ist doch ganz einfach. Ich frühstücke erst einmal, meine Frau hat ja schon alles gerichtet. Daß ich das nicht vorher bemerkt habe!» Im weiteren Verlauf gab Herr Lehmann seinem Schauspieler noch weitere Tips und probierte andere Lösungen aus. Das ganze machte ihm sichtlich Spaß.

Als Herr Lehmann mit dem Ablauf auf der Bühne völlig zufrieden war, verwandelte er sich im nächsten Schritt in den Schauspieler. Er schlüpfte in Körperhaltung und Gefühle der imaginären Person auf der Bühne und bemerkte, daß er sich in dieser Rolle plötzlich ganz anders fühlte, auch seine Stimme viel melodiöser **Schauspieler** klang. Nachdem er sich wieder in die Realität zurückversetzt hatte, war er erfreut und überrascht: «Ich weiß jetzt, was ich tun kann, um solche Situationen in Zukunft cool zu meistern. Das nächste Mal heißt das Stück: Vater tut das Richtige!»

Die Theater-Übung
Zuschauerperspektive

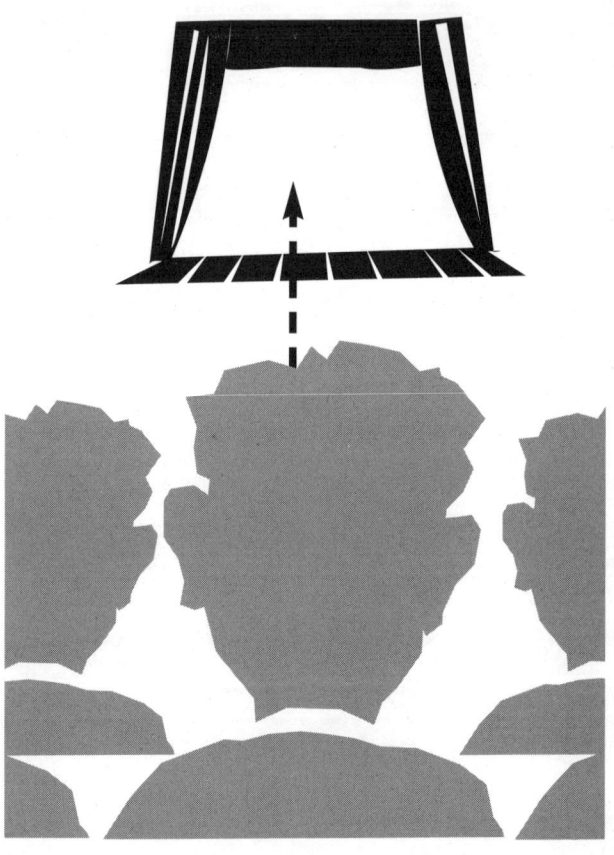

Die Theater-Übung
Perspektive des Regisseurs

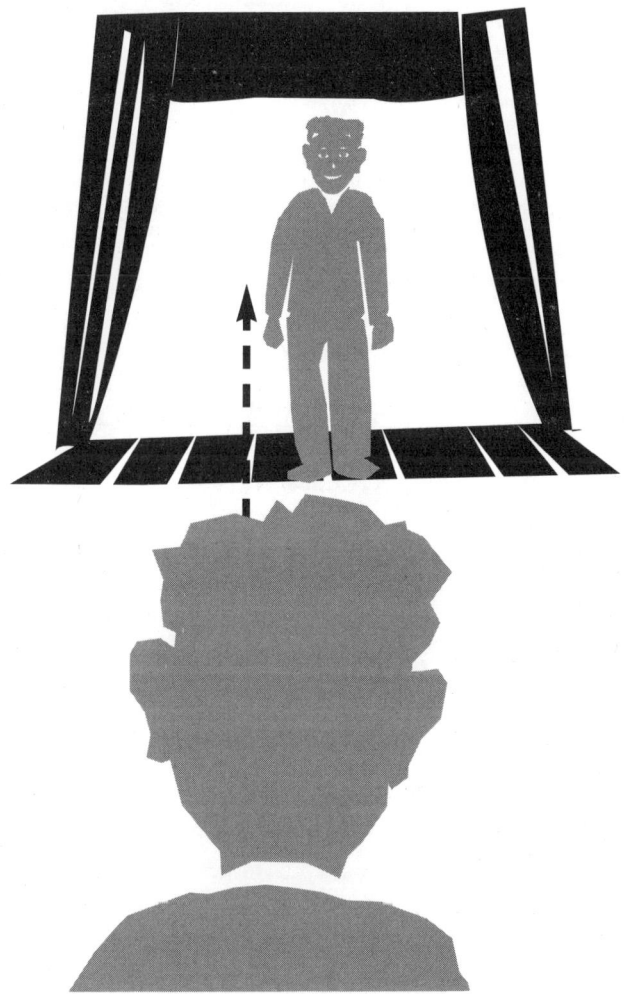

Auch Sie können sich in die Lage eines Theaterbesuchers versetzen. Sehen Sie sich selbst auf der Bühne oder auf der Leinwand, hören Sie sich aus der Distanz reden und entwickeln Sie ganz andere Gefühle als die Person, die als Schauspieler für Sie auf der Bühne steht. Dieser Schauspieler ist «mittendrin», hört alles mit eigenen Ohren und fühlt mit dem eigenen Körper, z. B. den Schmerz, die Scham, die Aggression dieser Situation. Neben sich stehend und sich selbst auf der Bühne betrachtend, sind Sie jetzt aber nicht mehr ärgerlich, sondern empfinden z. B. Mitleid oder Gelassenheit: Während Sie «mittendrin» schlecht gestimmt sind, können Sie «neben sich» ruhig und gelassen über Lösungsmöglichkeiten nachdenken.

Regisseur Werden Sie zum Regisseur Ihres Lebens und verändern Sie Ihre bisherige Rolle:

Versetzen Sie sich in ein Theater und fühlen Sie sich wie ein Zuschauer, der am Bühnengeschehen interessiert ist. Nehmen Sie bequem Platz, wenn Sie mögen, schließen Sie Ihre Augen und überlassen sich dem Stück, das gleich vor Ihrem inneren Auge gespielt wird. Geben Sie diesem Stück Ihren ganz persönlichen Titel.

Jetzt geht der Vorhang auf und Sie werden Zeuge und Zuschauer einer Szene, die Ihnen bekannt vorkommt. Betrachten Sie diese Szene sehr genau mit allen Sinnen und erlauben Sie sich, nun innerlich in die Rolle eines guten Regisseurs zu schlüpfen, der dem/der Schauspieler/in Rollentips gibt.

Lassen Sie den Schauspieler nun dieselbe Szene noch einmal spielen. Welche Fähigkeiten sind erforderlich? Wie hört sich die Stimme an? Was ist mit Körperhaltung, Gestik, Mimik? Was sagt und tut er/sie? Als außenstehender Regisseur und Betrachter können Sie sich dieser Situation entspannt und streßfrei widmen und so optimale Voraussetzungen auf der Bühne schaffen. Ihr Atem ist ruhig und gelassen. Sie fragen sich, was Sie als Regisseur sagen, zeigen, zuflüstern, zurufen würden, damit alle zufrieden sind.

Testen Sie die Wirkung dieses kleinen inneren Rollenspiels und verwandeln Sie sich jetzt in den Schauspieler, der die neuen Tips kennt und anwendet. Was hat sich geändert? Haben Sie noch die gleiche Körperhaltung oder stehen Sie jetzt anders? Atmen Sie noch genauso wie vorher oder hat sich Ihr Atem vertieft? Wie hört sich nun die Stimme des Streßpartners an? Probieren Sie alles durch, was zu dieser optimalen Situation gehört und erleben Sie das Geschehen völlig neu. Verändern Sie sich nach den Ratschlägen Ihres Regisseurs so lange, bis es für Sie stimmt.

Was haben Sie Neues gelernt? Gibt es etwas, was Sie in Zukunft in diesen schwierigen Situationen ausprobieren wollen? Können Sie schon jetzt sicher sein, daß Sie diese Fähigkeiten sinnvoll mit völlig neuem Ergebnis einsetzen?

Testen Sie: Welchen Titel hat das Stück jetzt? Wenn der Titel unverändert geblieben ist, gehen Sie in aller Ruhe noch mal zurück an Stellen oder Aussagen, die der Regisseur ändern muß, um einen optimalen Rollenwechsel zu bewirken und das Stück zu einem Erfolg zu machen.

Erlauben Sie Ihrer Phantasie dann eine kleine Reise in die Zukunft. In welchen anderen Situationen könnten Sie das neue Rollenverhalten gut gebrauchen?

Lernen, die Welt positiv zu sehen

Nachdem Frau Lehmann sich mit ihrem Mann über die Möglichkeiten der Rollenveränderung unterhalten hatte, bekam auch sie Lust auf eine neue Rolle. Zunächst aber war sie noch etwas skeptisch und fragte sich, warum dieselben Streßsituationen im Familienleben immer wieder passierten: «Wenn wir zusammen sonntags am Kaffeetisch sitzen, ist alles so friedlich, und im nachhinein können wir über unseren Streß während der Woche nur noch lachen. Warum lachen wir nicht gleich? Was machen wir falsch?» Und dann kam sie auf die wichtigste Frage: «Was müssen wir eigentlich lernen?»

Stellen Sie sich vor, es gäbe keine Staus, keine Warteschlangen, keine unfreundlichen Kellner, keine hektischen Friseure, keine ungehaltenen Ehepartner, keine unzuverlässigen Mitmenschen mehr. Was würden Sie in dieser Welt unternehmen? Auf jeden Fall würden Sie nichts lernen und nur das, was Sie bereits gut können, verstärken, vertiefen und ausbauen. Sie würden sich aber nicht weiterentwickeln: Ohne Grenzen und Hindernisse lernen Menschen nichts dazu.

Was also konnte Frau Lehmann lernen? Sie machte

für sich das Bühnenexperiment und stellte danach verblüfft fest: «Ich habe immer den Kopf in den Sand gesteckt, wenn die Harmonie in Gefahr war! Vielleicht kann ich es mir ab und zu mal leisten, auch den Kopf aufrecht zu halten, wenn die Harmonie nicht so groß ist, um meine Meinung zu sagen. Bisher hielt ich das nie für möglich, da mein Mann das immer getan hat.» Auch bei ihr hatten sich die Titel geändert. Statt «Frau Lehmann steckt den Kopf in den Sand» hieß das Stück jetzt: «Heute spricht Frau Lehmann».

Diese positive Sicht der Welt entstreßt. Stellen Sie selbst als Vorbereitung auf eine immer wiederkehrende Streßsituation doch einmal fest, welche Lernchancen sie Ihnen bietet und schreiben Sie ein neues Theaterstück. Helfen Sie Ihrem Gehirn, indem Sie gute Lösungen mit allen Sinnen innerlich vor-erleben.

Was könnten Sie z. B. lernen, wenn Sie das Gefühl haben, jemand hört Ihnen nicht richtig zu? Sie könnten lernen, sich so auszudrücken, daß Sie sich durch gezielte Rückfragen wiederholt vergewissern, daß Ihr Gegenüber wichtige Details verstanden hat.

Ein anderes Beispiel: Jemand läßt Sie immer wieder warten. Sie könnten lernen, die Wartezeit aktiv zu gestalten, indem Sie sich vielleicht an einem Platz verabreden, wo Sie einen Kaffee trinken und die Zeitung lesen können. Oder Sie lernen, die Zeit so zu vereinbaren, daß sie wirklich eingehalten wird. Sicher kennen Sie genügend Situationen, die Sie mit einer anderen Sicht erfolgreich in Lernchancen verwandeln können.

Die Marsmensch-Übung

Auch Daniel Lehmann hatte Lust auf Rollenveränderung. Er war jedoch selten im Theater gewesen, so daß er sich lieber in die Rolle eines Marsmenschen versetzte; um seine Probleme in der Schule, die ihn seit geraumer Zeit belasteten, einmal aus einer anderen Perspektive zu sehen. Mathe war sein Schwachpunkt. Wie ein Marsmensch beobachtete er sich selbst – und schaute sich von oben an, wie er über der letzten Mathematikklausur brütete. Er war ganz erschrocken: «Da kann ich mich ja gar nicht konzentrieren, wenn ich so nach vorn gebückt an den Aufgaben hänge!» Was er als Daniel Lehmann nicht erkennen konnte, fiel ihm als Marsmensch sofort auf: von Zentrierung keine Spur; sein Körper vorne eingesunken, er bekam kaum noch Luft; das Großhirn stand unter erheblichem Sauerstoffmangel. Als Marsmensch gab er Daniel Lehmann in seiner Mathe-Klausur gute Tips, so daß dieser sich aufrichtete und an all das erinnerte, was er gelernt hatte.

Später simulierte Daniel diese Situation so oft, bis er das Bild ganz deutlich vor seinem inneren Auge hatte. In der nächsten Mathematikklausur erinnerte er sich dann zwar nicht speziell an seine Marsmensch-Rolle, er merkte aber, daß er deutlich gerader, zentrierter und balancierter auf seinem Stuhl saß. So verbesserten sich auch seine Leistungen.

Vielleicht gefällt auch Ihnen die Vorstellung, sich von

oben aus dem All zu beobachten und sich selbst Tips zu geben: Stellen Sie sich vor, Sie kämen vom Mars und wären mit Ihrem Raumschiff unterwegs in Richtung Erde. Jeder von uns hat schon Filme gesehen, auf denen die Erde als kleiner Punkt zu sehen ist, der langsam immer größer wird, je näher man ihm kommt. Aus dieser Perspektive nehmen wir als Marsmensch zunächst die Kontinente wahr, dann die Wirbelstürme und Regenwolken darüber. Erst wenn wir durch die Wolkendecke stoßen, bewegen wir uns auf das Land und die Stadt zu, um die es geht.

Als Marsmensch haben wir die Möglichkeit, uns in sicherer Entfernung von oben eine bestimmte Szene anzusehen, ohne die Situation voll zu erleben. Bleiben Sie in Ihrem Raumschiff und amüsieren Sie sich genußvoll als außerirdischer Betrachter über die Szene.

Da einem Marsmenschen die Kommunikationsstrukturen auf der Erde unbekannt sind, kann er auch Gespräche zwischen den Menschen überhaupt nicht richtig deuten. Er hat deshalb einen eigenen Berater, der ihm sagt, worum es geht. Dieser Berater sind natürlich wieder Sie.

Sie können sich als Marsmensch mit dem einen Gesprächspartner in Verbindung setzen und Erdbewohnern mitteilen, wie man sich auf dem Mars in solchen Situationen verhält. Sie sagen vielleicht: «Wir spitzen unsere Ohren und richten sie auf den anderen, so daß wir seine Töne ganz genau hören können.» Jetzt passen Sie auf, ob der Partner auf der Erde diesen Vorschlag annimmt. Hören Sie selbst genau hin, damit Sie es nachvollziehen können.

Versetzen Sie sich nun in den einen Gesprächspartner und erleben Sie die Szene mit den Ratschlägen des Marsmenschen erneut. Wie verändert sich die Situation, wenn Sie sie noch einmal durchspielen und mittendrin sind? Überlegen Sie, in welcher zukünftigen Situation Sie diese neuen Fähigkeiten und dieses neue Wissen vom Mars anwenden wollen.

Sehr oft übertragen wir unsere eigenen Kommunikationsstrukturen auf unseren Gesprächspartner. Daher sollten wir die Verantwortung für Schwierigkeiten übernehmen und in uns selbst nach den Ursachen forschen. Wenn Sie manchmal merken, daß auch Sie zu einer heiklen Situation beigetragen haben, dann gönnen Sie sich die Marsmensch-Perspektive auf das eigene Verhalten.

Sie werden bei der genaueren Selbstbetrachtung entdecken, wie Ihre Lernchancen aussehen. Sie erfahren dabei etwas über den Streß, den Sie sich selbst machen. Diesen Streß können Sie mit den geschilderten Übungen optimal bearbeiten. Seien Sie Ihr Meisterregisseur oder fliegen Sie zum Mars und nähern sich langsam der Erde mit neugierigen Marsmensch-Augen.

Anker setzen

Filme verändern, innere Tonbänder neu bespielen und sich körperlich in Balance bringen, das gelang inzwischen der ganzen Familie Lehmann sehr gut. Was aber allen schwerfiel: die neuen Fähigkeiten in überraschenden Situationen anzuwenden. Herr Lehmann zum Beispiel fand eines Tages durch Zufall heraus, daß sein Sohn Daniel die väterliche Unterschrift unter eine Fünf in Mathematik gefälscht hatte. Daniel wollte wohl so seine Schulprobleme vor dem Vater verbergen. Der Sohn war gerade da und bekam den väterlichen Zorn deutlich zu spüren. Herr Lehmann fuhr aus der Haut. So wollte er nicht mehr reagieren. Daniel sollte aus eigenem Antrieb ehrlich sein und nicht aus Angst vor einer Strafpredigt.

Später stellte Herr Lehmann diese Szene in seinem inneren Theater nach und wußte dann, daß er in Zukunft cool bleiben und sich mit dem Problem sachlich auseinandersetzen würde. Aber was wäre bei der nächsten negativen Überraschung? «Wie erinnern Sie sich sonst an wichtige Dinge?» fragte ich. «Manchmal mit einem Knoten im Taschentuch», sagte Herr Lehmann lachend, «und im Geschäft hilft mir mein

Notizbuch.» Ich fragte weiter, wie er sich daran erinnerte, sich morgens zu waschen, zu rasieren und zu kämmen. «Ganz einfach, ich sehe die Dusche, den Rasierapparat, meine Zahnbürste, und dann weiß ich automatisch, was ich als nächstes tun werde. Wenn nach einer Reise mein Rasierapparat nicht am gewohnten Platz liegt, ist es mir wirklich schon mal passiert, daß ich unrasiert zur Arbeit gegangen bin», sagte Herr Lehmann schmunzelnd.

Durch einen Blick, ein Wort, durch Berührung, einen bestimmten Duft oder Geschmack erinnern wir uns unbewußt an unsere Fähigkeiten und verhalten uns entsprechend. Diese Reiz-Reaktions-Verbindung ist eine wunderbare Fähigkeit des Gehirns, denn wir brauchen vieles nur einmal zu lernen und können es dann immer wieder, weil uns der Autoschlüssel ans Autofahren, der Tennisschläger ans Tennisspielen und die Weihnachtsglocken ans Feiern erinnern.

Diese Fähigkeit nennen die Psychologen Konditionieren – was nicht gerade sehr sympathisch klingt. Der Pawlowsche Hund ist sogar zu einer negativen Symbolfigur geworden. Dennoch verdanken wir Pawlow mit seinem Hundeexperiment die Unterscheidung von unkonditionierten Reflexen (der Hund sieht das Futter und sondert vermehrt Speichel ab) und konditionierten Reflexen (der Hund sondert den Speichel nicht nur ab, wenn er das Futter sieht, sondern bereits, wenn er die Schritte des Wärters hört und ein Klingelzeichen, das immer die Fütterungszeit einläutet). Ohne diese Möglichkeit, zum Glück programmiert werden zu können, müßten wir viele selbstverständliche Fähigkeiten jedesmal neu lernen. Allerdings engen uns manche Programme auch ein: Herr Lehmann zieht die Augenbrauen hoch, und die Stimmung von Daniel sinkt; Daniel dreht die Musik auf, und Herr Lehmann fühlt sich gestört; usw.

Solche Reizmuster sind wie Anker, die uns sehr zuverlässig in einer Stimmung festhalten. Beim Ankern verbindet sich in unserem Gehirn blitzschnell der Gefühlszustand der erlebten Situation mit einem einprägsamen Reiz. Dieser Reiz kann visuell, auditiv, körperlich, ein Duft oder ein Geschmack sein. Sobald er auftaucht, wird in unserem Körper der entsprechende Gefühlszustand erneut wachgerufen. Wir erleben durch äußere Reize nur das, was wir in uns durch Anker auslösen. Anker gibt es in zahlreichen und unterschiedlichen Ausprägungen, positive wie negative. Positive Anker erzeugen blitzschnell gute Gefühle – eine wesentliche Voraussetzung für coole Reaktionen bei Überraschungsstreß. Reiz-Reaktions-Muster können wir mit allen fünf Sinnen in uns auslösen. Bisher taten Sie es unbewußt, jetzt können Sie es bewußt tun: Schauen Sie sich in Ihrem Auto, in Ihrem Büro, zu Hause um und stellen Sie ganz genau fest, welche Maskottchen, welche Erinnerungsstücke Sie hier umgeben. Welche davon lösen sofort gute Gefühle aus? Machen Sie eine Bilanz: Ist die Summe der von Ihnen gewählten Schlüsselreize positiv? Haben Sie irgendwo noch Ihren Teddybären, und schaut er Sie ab und zu liebevoll an? Können Sie sich nicht von Ihrer Lieblingsfreizeitjacke trennen, obwohl sie schon mehrfach an den Ärmeln gestopft wurde? Haben Sie im Auto das Armband, das Sie von Ihrer ersten Auslandsreise mitbrachten und das Sie an den verliebten Frühling im Schatten der Pinien erinnert?

Und wie steht es mit den negativen Schlüsselreizen, den negativen Ankern? Das Kaffeeservice mit Goldrand von Ihrer Schwiegermutter, das sie schon immer als ästhetische Zumutung empfanden. Die Gläser aus Italien, die Sie kauften und dabei noch im Geschäft der Riesenstreit mit Ihrer besten Freundin ausbrach, mit der Sie sich nie wieder aussöhnten.

Begabte «Ankerspezialisten» wählen bewußt ihre positiven Erinnerungsstücke und befreien sich schnell von negativen Ankerobjekten. Die meisten von uns aber sind umgeben von Scheußlichkeiten, die sie kaum noch wahrnehmen. Sie finden sich mit diesen Mittelmäßigkeiten ab, statt auf die Suche zu gehen nach reizvollen Gegenständen, bei deren Anblick ihr Herz lacht, nach Düften, die sie an die schönsten Momente in ihrem Leben erinnern, nach Worten, Melodien, Aussprüchen, die sie beschwingen.

Die Druckknopf-Übung

Versuchen Sie sich Anker zu setzen, die Sie gerade in schwierigen Situationen in eine ausgeglichene Verfassung bringen. Herr Lehmann brauchte einen Anker, um in jeder Situation cool bleiben zu können. Wie aber sollte er aus den Reiz-Reaktions-Schemata genau dasjenige auswählen, das ihn immer in gute Stimmung brachte?

Mit der folgenden Übung erzeugen Sie eine Verknüpfung im Gehirn, die bewirkt, daß beide Gehirnhälften  optimal zusammenwirken, daß Sie sowohl kreativ als auch zielsicher an eine Situation herangehen und entsprechende Verhaltensweisen mit beiden Gehirnhälften planen können – gleichzeitig und unbewußt. Auch hier bietet sich der Weg an, die vorhandenen Signale des Körpers wiederzuentdecken und zu nutzen:

Finden Sie eine neutrale Stelle an Ihrem Körper, die Sie zuverlässig, schnell, jederzeit wiederfinden und vor allem berühren können. Prüfen Sie genau, ob diese Stelle schon «besetzt» ist (z. B. übers Kinn streichen, am Ohrläppchen zupfen, die Finger reiben – alles Tätigkeiten, die bereits innere Zustände auslösen, also unbewußte Anker sind). Sinnvoll sind Stellen, an die Sie unauffällig herankommen können, die aber noch relativ neutral auf Berührung reagieren: Hand und Knöchel zum Beispiel.

Erinnern Sie sich an eine Situation, in der Sie voller Kraft waren, in der Sie voller Humor, spielerisch, aber auch zielstrebig agierten. Erleben Sie diese Situation so, wie sie damals war, und spüren Sie noch mal, wie Sie gesessen, gestanden, geatmet haben, wie Sie sich bewegt und wie Sie geschaut haben. Hören Sie, was immer es damals zu hören gab, und genießen Sie Ihre Gefühle so intensiv wie möglich.

Berühren Sie jetzt Ihren Anker. Je intensiver und stärker Sie mit allen Sinnen diese Situation und Ihr Wohlgefühl und Ihre eigene Präzision spüren, desto stärker drücken Sie Ihre Ankerstelle.

Lösen Sie jetzt die Berührung und lassen Sie diese Erinnerung wieder abklingen. Kommen Sie dann zurück in die Hier-und-jetzt-Situation und ruhen Sie sich einen Augenblick aus.

Vielleicht machen Sie nun erst etwas anderes und vergessen alle Gedanken daran. Nach einer Weile aber berühren Sie die Stelle erneut. Es müßte sich wieder dasselbe Gefühl einstellen wie damals, als Sie sich so gut und so gelassen erlebten.

Wenn das Gefühl eher schwach ist, wiederholen Sie die Übung und intensivieren Ihre Erinnerung, indem Sie wirklich mit allen Sinnen diese gute Kondition noch einmal durchleben. Wenn es Ihnen hilft, erzählen Sie einem realen oder imaginären Freund, wie sich Ihre Gefühle positiv steigern, und drücken Sie in dieser Phase Ihre Ankerstelle.

Bei Herrn Lehmann saß der Anker sofort. Er hatte seinen Druckknopf am Knöchel der linken Hand installiert. Als er zum Test nach einer Tasse Kaffee darauf drückte, fühlte er wieder die Stimmung «cool bleiben» in sich. Man konnte sehen, wie sich sein Körper automatisch stärker zentrierte.

Legen Sie für sich einen Zeitpunkt fest, an dem Sie die Wirkung Ihres Ankers das nächste Mal ausprobieren wollen. Sie werden überrascht sein, wie zuverlässig er wirkt. Ich wünsche Ihnen viel Spaß und Experimentierlust dabei.

Tips zum Weiterlesen

*Bandler, Richard: Veränderung des subjektiven Er-
lebens. Fortgeschrittene Methoden des NLP, Paderborn, 1992.*
Leicht nachvollziehbar beschreibt Bandler vielfältige
Anwendungsmöglichkeiten des NLP, um die inneren
Erlebnisse zu verändern. Der Text ist witzig und anre-
gend, mit vielen Übungen, allerdings manchmal nicht
ganz leicht verständlich.

*Bandler, Richard; McDonald, John: Der feine Unter-
schied, NLP-Übungsbuch zu den Submodalitäten,
Paderborn, 1993.*
Das Buch enthält viele Übungen, wie sich über die Sinne die eigene Stimmung, die Motivation und die Über-
zeugung beeinflussen lassen. Ein nicht ganz einfaches
Buch für wirklich Fortgeschrittene.

*Besser-Siegmund, Cora; Sigmund Harry: Denk dich
nach vorn, Düsseldorf und Wien, 1993.*
Ein sehr gekonntes und zielorientiertes Buch, das
zeigt, wie hilfreich NLP in vielen Alltagssituationen
sein kann. Mit theoretischen Grundlageninformatio-

nen, so daß der interessierte Leser, der tiefer in die Materie einsteigen möchte, wertvolle Hinweise findet.

Cameron-Bandler, Leslie; Gordon, David; Lebeau, Michael: Muster-Lösungen. Lösungsmuster für alltägliche Probleme, Paderborn, 1992.
Den drei Autoren gelingt es, eine regelrechte Sprache des Gehirns zu entwerfen, die sowohl bei täglichen als auch bei langfristigen Streßproblemen rasch zur Entspannung führen kann. Viele Anwendungsbeispiele aus den Bereichen Partnerschaft, Erziehung und Familie.

Haxthausen, Margit; Lehmann, Rhea: Body Sense. Paderborn, 1992.
Zahlreiche Übungen, um den Streß im Körper zu bemerken und zu reduzieren. Die Anspannungen, die sich in Rücken, Nacken oder Schultern infolge von Streß einstellen, lassen sich mit Hilfe der Übungen gezielt lösen.

Rossi, Ernest, L.: 20 Minuten Pause – Wie Sie seelischen und körperlichen Zusammenbruch verhindern können. Paderborn, 1993.
Das Gleichgewicht zwischen Anspannung und Entspannung ist das Geheimnis eines gesunden Körpers und einer balancierten Seele. Rossi zeigt uns, die Signale unseres Körpers nach Pause wahrzunehmen und zu entziffern.

Dank

Dank schulde ich allen, die am Zustandekommen dieses kleinen Buches beteiligt waren. Maryann und Ed Reese, Richard Bandler und John Grinder verdanke ich die Fähigkeit, cool zu bleiben, wenn ich es will, und die Entdeckung meiner Gabe, diese Fähigkeit auch in anderen zu wecken. Für kritische Tips, die mich nicht immer cool ließen, aber wesentlich zur praxisnahen Gestaltung dieses Buches beitrugen, danke ich Ingrid Hirsch, Ulla Vogeley, Birgit Nüchterlein, Robert Klimke, Ralph Thumerer und Georg Schober.

NLP: Psycho-Power

Streß mit dem Chef, Probleme in der Familie oder Angst vor der Zukunft - Probleme, die allein schwer zu meistern sind. Jetzt erscheint bei rororo das Psycho-Power-Programm zur Stärkung des Selbstbewußtseins, bekannt als **Neurolinguistisches Programmieren (NLP)**, das in den siebziger Jahren von den Amerikanern Richard Bandler und John Grinder entwickelt wurde. Knapp, praxisnah und verständlich geschrieben, bieten die Bücher konkrete Hilfe für Alltag und Beruf.

Barbara Schott
Gut drauf sein, wenn's schiefgeht
rororo 9604

Cool bleiben
rororo 9603

Andere Wege wagen
rororo 9605

Barbara Schott/ Klaus Birker
Freunde finden
rororo 9668

Prüfungsstreß ade
rororo 9669

Dr. Barbara Schott ist seit 1984 Professorin für BWL und Marketing an der Fachhochschule Nürnberg. Ihre Ausbildung in NLP erhielt sie bei Reese, Grinder und Bandler in den USA und erwarb die «Certification in NLP» durch die «Society of Neuro-Linguistic - Programming». Seit langem unterhält sie ihr eigenes Institut «NLP-Praxis» in Nürnberg.

Klaus Birker ist Professor für Betriebswirtschaft (Führungslehre und Controlling) an der Fachhochschule Rheinland-Pfalz. Seit 1987 ist er zusammen mit seiner Frau tätig als Berater, Trainer und Coach, mit Zusatzausbildungen u.a. in NLP.

rororo sachbuch